Beltz Taschenbuch 802

W0233529

Über dieses Buch:
Ziel dieses Ratgebers ist es, der Verunsicherung und Hilflosigkeit entgegenzuwirken, die Eltern von lerngestörten Kindern empfinden. Da diese Verunsicherung oft Ausdruck mangelnder Kenntnisse der Zusammenhänge ist, gibt die Autorin zunächst einen orientierenden Einblick in die Voraussetzungen und die Abläufe erfolgreichen Lernens. So vielfältig die Voraussetzungen und Teilleistungen für Lesen, Schreiben und Rechnen sind, so unterschiedlich können sich die Störungen darstellen, wie die Autorin anhand von konkreten Beispielen zeigt. Den Hauptteil des Buches bilden die praktischen Ratschläge für Eltern (und Lehrer) von lerngestörten Kindern. Sie sollen es selbst schweren Lernversagern wieder ermöglichen, mit Spaß zu lernen und Erfolg dabei zu haben. Die Autorin vertritt dabei eine integrative Lerntherapie, die verschiedenste Methoden und Ansätze aus Pädagogik, Psychologie, Linguistik, Biologie und Medizin verbindet. In einem Anhang findet sich eine Liste mit Adressen, die im Zusammenhang mit Lern- und Leistungsstörungen hilfreich sein können, wenn professionelle Hilfe notwendig erscheint.

Die Autoren:
Ursula Schmeing ist Diplom-Pädagogin mit der Zusatzqualifikation integrative Lerntherapeutin. Sie ist Mitglied des Fachverbandes für integrative Lerntherapie und arbeitet seit Jahren mit lern- und leistungsgestörten Kindern.
Dr. Hans-Joachim Meyer-Krahmer, Arzt für Radiologie am Marienhospital in Hamm, ist nebenberuflich als Medizinjournalist tätig. 1988 war er Preisträger beim Wettbewerb »Reporter der Wissenschaft« des Bundesforschungsministeriums.

Ursula Schmeing
Hans-Joachim Meyer-Krahmer

Schulerfolg trotz Lernschwierigkeiten

Ein Elternratgeber bei Lern- und Leistungsstörungen

Besuchen Sie uns im Internet:
http://www.beltz.de

2. Auflage

Beltz Taschenbuch 802

© 1999 Beltz Verlag, Weinheim und Basel
Umschlaggestaltung: Federico Luci, Köln
Umschlagphotographie: © Mauritius, Mittenwald
Satz: Satz- und Reprotechnik GmbH, Hemsbach
Druck und Bindung: Druckhaus Beltz, Hemsbach
Printed in Germany

ISBN 3 407 22802 3

Inhalt

Danksagung

Ohne die vielen Gespräche mit Klienten hätten wir die Fragen nicht gekannt, die wir in diesem Ratgeber zu beantworten hoffen. Ihnen danken wir herzlich für das Vertrauen und die Offenheit.

Rosemarie Beitel, Andrea Lieblang, Ulrike Meyer-Krahmer, Inge Schmeing, Mia Trapp, Katharina Bochnik, Anette Möllenbeck-Grützner, Lydia Berendes, Eva Borchers, Marie-Theres Vieweger, Maria Schmeing, Jo Bomholt, Silke Voss-Schomacher, Ruth Semmler und Martin Ehrhardt und alle, die wir hier vergessen haben sollten, lasen den Text und gaben ihre Änderungsvorschläge und Kommentare als Journalistin, Logopädin, Krankengymnastin, Ergotherapeutin, Ärztin, Pädagoge, Psychologe oder Betroffene und Interessierte. Diese begleitende Kritik erleichterte uns die Arbeit am Buch wesentlich.

Die Essener Supervisionsgruppe half durch ihre konstruktiven Rückmeldungen. Jedem einzelnen sei gedankt.

Reinhard Tappe, Photograph und Künstler, machte die Abbildungen mit viel Geduld und Engagement. Ihm danken wir. Ebenso den Kindern, die ihm bei den Aufnahmen Modell gesessen haben.

Unser besonderer Dank gilt Helga Breuninger, die durch ihre kreative und flexible Art und ihre beeindruckende Kompetenz wichtige Anregungen und Unterstützung gab. Sie schrieb auch das Nachwort.

Nun wünschen wir Ihnen viel Spaß beim Lesen und hoffen, daß unsere Tips für den einen oder anderen Sinn machen und positive Veränderungen auslösen. Wenn das erreicht werden kann, hat sich die Mühe gelohnt.

Münster im Sommer 1998   *Achim Meyer-Krahmer*
                                          Ulla Schmeing

Kapitel 1: Einführung

Gebrauchsanleitung für den Elternratgeber

Ziel dieses Buches ist es, der Verunsicherung und Hilflosigkeit entgegenzuwirken, die Eltern von lerngestörten Kindern empfinden. Da Verunsicherung zunächst Ausdruck mangelnder Kenntnis der Zusammenhänge ist, gibt das 1. Kapitel einen kurzen, orientierenden Einblick in die Voraussetzungen und die Abläufe erfolgreichen Lernens. So vielfältig die Voraussetzungen und Teilleistungen für Lesen, Schreiben und Rechnen sind, so unterschiedlich können sich Störungen darstellen. Einen Begriff vom Erscheinungsbild der Lernstörungen vermittelt daher das 2. Kapitel anhand konkreter Beispiele. Diese werden kommentiert, Abhilfemöglichkeiten aufgezeigt, und das Problem wird aus der unterschiedlichen Sicht der jeweiligen Beteiligten dargestellt. Davon ausgehend enthält das 3. Kapitel praktische Ratschläge für das Verhalten der Eltern von lerngestörten Kindern. Im Mittelpunkt dieses Kapitels steht natürlich die Frage »Richtig Üben – aber wie?«. Ein weiterer Schwerpunkt des 3. Kapitels ist eine umfangreiche Liste mit Spielvorschlägen. Diese Liste ist aus der täglichen praktischen Arbeit mit lern- und leistungsgestörten Kindern entstanden und dürfte für Eltern, die selbst mit ihren Kindern aktiv werden wollen, besonders hilfreich sein. Das 4. Kapitel zeigt auf, wann professionelle Hilfe nötig ist, die über das hinausgeht, was die Eltern mit der Schule gemeinsam leisten können. – Hier finden sich

Hinweise dazu, wer helfen kann und wie diese Hilfe aussieht. Das 5. Kapitel beschäftigt sich mit der gesellschaftlichen Bewertung der Lern- und Leistungsstörungen bei Kindern. »Krankheit – ja oder nein?« »Wer bezahlt was?« und »Welche Erlasse und Gesetze gibt es zu diesem Thema?« sind die Schlagworte dieses Kapitels. Der Anhang umfaßt zunächst eine Liste mit Adressen, die im Zusammenhang mit Lern- und Leistungsstörungen hilfreich sein können. Dann folgen eine Liste mit Leseempfehlungen für alle diejenigen, die weitere, über diesen Ratgeber hinausgehende Informationen suchen, und schließlich Quellenangaben der zitierten Literatur.

Dieser Ratgeber ist aus der freien Praxis einer Diplom-Pädagogin mit der Zusatzqualifikation integrative Lerntherapeutin entstanden, die mit lern- und leistungsgestörten Kindern arbeitet und Mitglied des Fachverbandes für integrative Lerntherapie ist. Was bedeutet »integrative Lerntherapie«? Das Ziel ist es, selbst schweren Lernversagern wieder zu ermöglichen, mit Spaß zu lernen und Erfolg dabei zu haben. Im Mittelpunkt der Bemühungen stehen dabei das Selbstvertrauen des Kindes und der Abbau lernhemmender Einflüsse. Die integrative Lerntherapie versteht sich nicht als Methode mit einem für alle Kinder gültigen Rezept. Es ist im Gegenteil erforderlich, verschiedenste Methoden und Ansätze aus Pädagogik, Psychologie, den Fachwissenschaften Germanistik, Linguistik und Mathematik, aus Biologie, Medizin etc. zu verbinden und zu kombinieren – eben in ein Gesamtkonzept zu »integrieren«, in dessen Mittelpunkt das betroffene Kind mit seinem individuellen Lebenszusammenhang steht. Auch die Beratung und Betreuung der Eltern gehört mit in dieses Konzept, denn wer könnte besser als die Eltern einem lerngestörten und verunsicherten Kind wieder Selbstvertrauen, Mut und Zuversicht in seine Fähigkeiten vermitteln?

Nach der Lektüre dieses Ratgebers werden Sie den Grundgedanken der integrativen Lerntherapie besser verstehen.

Die Ratschläge und Tips für Eltern und Kinder sind auch und besonders dazu gedacht, einer schweren Lernstörung vorzubeugen. Wenn Sie auf den folgenden Seiten Hilfe und Unterstützung bei dem Versuch finden, mit Optimismus und Tatkraft Wege aus dem Teufelskreis der Lernstörung Ihres Kindes zu suchen, ist das Anliegen der Autoren erfüllt.

Einschulung – ein wichtiger Einschnitt

Für Eltern und Kind ist die Einschulung ein aufregender Tag. Es ist schwer zu sagen, ob das Kind oder Vater und Mutter gespannter auf das sind, was den Zögling in der Schule erwarten wird. Mit der Schule beginnt schließlich – so kann man es von Erwachsenen immer wieder hören – der Ernst des Lebens. Manche sprechen gar von der Schule als der »Schule der Nation« und deuten damit an, daß unsere Gesellschaft ohne Schule nicht funktionieren würde.

In der Tat gibt es vernünftige und wichtige Gründe dafür, daß wir unsere Kinder in die Schule schicken und lernen lassen. In einer hochtechnisierten und stark arbeitsteilig organisierten Gesellschaft wie der unseren ist die sichere Beherrschung der Kulturtechniken wie Lesen, Schreiben und Rechnen für den Lebenserfolg von entscheidender Bedeutung. Gerade Naturwissenschaft, Technik und der Einsatz von Computern erfordern einen genauen Umgang mit Sprache und Zahlen. Während ein grammatikalisch fehlerhafter Satz in der Umgangssprache nur leichte Irritation auslöst, reagiert ein Computer auf eine fehlerhafte Eingabe nur mit »syntax error«, selbst wenn im eingegebenen Befehl lediglich ein Komma nicht richtig gesetzt ist. Aber auch die zunehmende Internationalisierung unseres Lebens erfordert eine gute Schulbildung. Wer nicht wenigstens Englischkenntnisse hat, hat im Berufsleben deutlich schlechtere Chancen. Wer wollte bestreiten, daß gerade für das Erlernen einer Fremdsprache Lesen und Schreiben sicher beherrscht werden müssen? Noch in den fünfziger und sechziger Jahren hätte man auf die Frage nach dem Sinn von Schule und Lernen weitere Gründe angeführt. Nur eine solide Schulbildung gibt einem Kind die Chance, Zugang zum Kulturgut, zum Werk der Dichter, Denker, Wissenschaftler und Philosophen zu finden. Diese Begründung ist sicherlich sachlich richtig, wenn auch solche Argumente heute eher als veraltet und bildungsbürgerlich angesehen werden.

Diese und vermutlich noch viel mehr vernünftige Gründe finden Erwachsene dafür, daß Kinder in die Schule gehen und etwas lernen sollten. So gesehen ist es logisch, daß die Gesellschaft den Schulbesuch zur Pflicht macht. Weder die allgemeine Schulpflicht noch deren Beginn mit 6 Jahren werden denn auch von irgendeiner Partei oder Gruppierung in Frage gestellt.

Aber versuchen Sie einmal, einem Schulanfänger diese Zusammenhänge verständlich zu machen. Wollen denn Kinder überhaupt in die Schule? Würden sie denn nicht viel lieber noch länger in den Kindergarten oder ihre Kindergruppe gehen und spielen, spielen, spielen …?

Jeder, der selbst Kinder hat, weiß es: Natürlich wollen Kinder in die Schule. Die meisten erleben die Zeit des Schulbeginns sehr bewußt als Einschnitt und Neubeginn. Je nach Temperament des Kindes sind Erwartung und Vorfreude auf den neuen Lebensabschnitt mit Skepsis gemischt. Auch bei Grundschullehrern sind die Erstkläßler in der Regel beliebt, weil sie als lernbegeistert und motiviert gelten. Dies gilt, wenn auch mit Einschränkungen, für Kinder aus unterschiedlichen familiären und sozialen Verhältnissen in ähnlicher Weise. Deshalb liegt die Vermutung nahe, daß die geistige Entwicklung eines Kindes mit etwa 6–7 Jahren, auch unabhängig von äußeren Einflüssen, einen Stand erreicht hat, der das Kind für die Anforderungen und neuen Aufgaben in der Schule besonders empfänglich macht.

Es ist ja durchaus nicht so, daß die geistige und intellektuelle Entwicklung erst mit dem Schulbeginn einsetzt. Im Gegenteil ist es vom Säugling bis zum 6-jährigen Schulanfänger ein weiter Weg. In keiner der späteren Lebensphasen vollzieht sich die geistige Entwicklung so rasant wie in diesen ersten Lebensjahren. Für das Verständnis von Lern- und Leistungsstörungen ist es sinnvoll, diese Entwicklung in groben Zügen nachzuzeichnen.

Die beiden ersten Lebensjahre stehen ganz im Zeichen der Entwicklung und Koordinierung der Wahrnehmung und der Bewegung. Während die Sinnesorgane eines Säuglings schon weitgehend entwickelt sind, werden die Möglichkeiten der Verarbeitung der Sinneseindrücke immer vielfältiger. Die Funktion des Hörens (»auditives System«) ermöglicht zunächst nur Reaktionen auf unterschiedliche Lautstärken und Tonhöhen. Erst allmählich können auch Lautmuster, Lautverbindungen, sowie Wort- und Satzmelodie unterschieden werden. Dieses ist Grundvoraussetzung für erfolgreiches Sprechenlernen. Mit den Augen (»visuelles System«) kann der Säugling zunächst nur einfache Formen und Farben unterscheiden. Im Laufe der ersten Lebensjahre werden auch kompliziertere optische Muster erkannt. Jeder kennt die Phase, in der ein Kind beginnt zu »fremdeln«. In diesem Stadium kann es die Gesichtszüge der Personen unterscheiden, die sich ihm zuwenden. Es ist dann verunsichert, wenn es fremde Gesichter sieht. Auch die Fähigkeit, Grundmuster wie z. B. einen Buchstaben wiederzuerkennen, auch wenn Schriftgröße und Schrifttype unterschiedlich sind, ist weniger eine Leistung des Auges als der Verarbeitung des Gesehenen im Gehirn.

Julia ist 5 Jahre alt. Sie ist stolz darauf, ihren Namen mit unsicheren, aber lesbaren Buchstaben selbst schreiben zu können. Eines Tages fällt ihr an einer Apotheke

das große, etwas geschwungene »A« über der Eingangstür
auf: »Guck mal Papa, ein ›A‹ wie bei ›Julia‹.«

Entscheidend an diesem Beispiel ist, daß der Buchstabe »A« als Grundmuster erkannt wird, obwohl er doch anders aussieht als übliche Druckbuchstaben.

Auch die anderen Wahrnehmungskanäle wie die Berührungsempfindung (»taktiles System«), der Gleichgewichtssinn (»vestibuläres System«) und die Lageempfindung des eigenen Körpers (»propriozeptives System«) entwickeln im Lauf der ersten Jahre ein immer feiner aufeinander abgestimmtes Zusammenwirken. So ist zum Beispiel die Lageempfindung des eigenen Körpers für so komplizierte Bewegungsabläufe wie das Schreiben von entscheidender Bedeutung. Gleichgewichts- und Tastsinn ermöglichen erst im Zusammenspiel gerichtete und rhythmische Bewegungsabläufe. Hier bestehen auch Zusammenhänge mit der Entwicklung einer Vorstellung von Raum, von Mengen und von Zahlen.

Vergleicht man die unterschiedlichen Wahrnehmungsqualitäten mit den Eingabegeräten eines Computers, z. B. der Tastatur und der Maus, so sind beim Säugling zwar Tastatur und Maus schon vorhanden, die Verdrahtung im Computer selbst ist aber noch unvollständig. Verknüpfung und Verarbeitung der eingehenden Sinnessignale entwickeln sich im Lauf der ersten Lebensjahre, die »Integration« nimmt zu. Gerade die Wahrnehmung ist für das spätere Lernen eine wichtige Grundlage, und so überrascht es nicht, daß bei vielen Kindern mit Lernstörungen einzelne Wahrnehmungsfunktionen nicht ausreichend entwickelt sind und einer gezielten Förderung bedürfen. Einen Überblick über die Phasen der Wahrnehmungsentwicklung gibt das folgende Schema:

Die Sinne	Zunehmende Integration der Sinneswahrnehmung ⇑ ⇑ ⇑ ⇑ ⇑ ⇑				Komplexe Leistungen der »integrierten« Sinneswahrnehmung
Hören (Auditives System)			Sprechvermögen Sprache		Konzentrationsfähigkeit
Schwerkraft und Bewegung (Vestibuläres System)	Augenbewegungen Haltung, Gleichgewicht	Körperwahrnehmung	Auge-Hand-Koordination	Visuelle Wahrnehmung	Organisationsfähigkeit Selbsteinschätzung Selbstkontrolle
Muskeln und Gelenke (Propriozeptives System)	Muskeltonus, Schwerkraftsicherheit	Koordination der beiden Körperseiten, Aktivitätsniveau			Selbstvertrauen Akademisches Lernvermögen
Berührung und Tastsinn (Taktiles System)	Saugen, Essen Mutter-Kind-Bindung	Aufmerksamkeitsspanne Emotionale Stabilität	Zweckgerichtete Aktivität		Abstraktes Denken Spezialisierung der Körperseiten
Sehen (Visuelles System)	Wohlbefinden bei Berührung				(Lateralisation)

Die Entwicklung der kindlichen Wahrnehmung[1]

Die Entwicklung der Wahrnehmung ist aber nur eine, wenn auch faszinierende Seite der geistigen Entwicklung des Kindes. Die Welt eines Säuglings ist auf das beschränkt, was er im Augenblick sieht und hört. Empfindungen wie Hunger, Wohlbehagen, Müdigkeit oder Unzufriedenheit werden direkt in einfachen Verhaltensweisen geäußert, die die Mutter oder den Vater zur Befriedigung der Bedürfnisse des Kindes veranlassen. Ein Spielzeug, das sich nicht im Blickfeld des Kindes befindet, existiert in seiner Vorstellung nicht. Erst allmählich beginnt ein Kind nach einem Gegenstand zu suchen, den man vor seinen Augen mit einer Decke zudeckt. An diesem Punkt ist also eine Vorstellung im Kopf des Kindes entstanden, die auch dann noch weiter besteht, wenn der Gegenstand sich nicht mehr im Blickfeld befindet. Nicht nur Gegenstände, sondern mit zunehmendem Alter auch kompliziertere Eindrücke und Erlebnisse hinterlassen einen Eindruck in der Vorstellungswelt des Kindes. Wie kann aber ein Kind, das noch nicht sprechen kann, eine solche Vorstellung äußern? Woher weiß man überhaupt, daß Vorstellungen existieren? In dieser Phase spiegelt sich die Vorstellungswelt des Kindes in Nachahmung und einfachen »symbolischen« Spielen wieder. Kinder, die ihre Eltern und Geschwister nachahmen, die ihren Teddy schlafen legen oder ihrer Puppe die Flasche geben, verleihen damit einer Vorstellung Ausdruck und teilen ihrer Umgebung etwas mit, was im Augenblick nur sie selbst empfinden. Ebenso drükken die ersten Malversuche eines Kindes Vorgestelltes aus. Sie sind eine Mitteilung der inneren Bilder, die Erlebtes in der Gedankenwelt des Kindes ausgelöst hat. Je vielschichtiger und komplexer die innere Bilderwelt des Kindes wird, de-

---

1 Nach: Ayres, A. Jean: Bausteine der kindlichen Entwicklung. Springer Verlag, Berlin 1992

16

sto weniger reichen Nachahmung, symbolisches Spiel[2] und Bilder zu ihrer Mitteilung aus. Erst die Sprache ermöglicht es, Vorstellungen differenziert mitzuteilen und die Gedankenwelt innerlich zu verarbeiten und weiterzuentwickeln.

Das Fundament – Voraussetzungen zum Rechnen-, Schreiben- und Lesenlernen

Wie für ein stabiles Bauwerk ist auch für das Lesen, Schreiben und Rechnen ein festgefügtes Fundament unerläßlich. In diesem Kapitel sollen einige Bausteine dieses Fundaments[3] vorgestellt und ihre Bedeutung für das fertige Bauwerk beschrieben werden.

Für Erwachsene ist es schwer, eine Vorstellung davon zu bekommen, wie viele unterschiedliche Teilleistungen zusammenwirken müssen, damit Lesen, Schreiben und Rechnen erfolgreich und ausreichend fehlerfrei möglich sind.

Lesen erfordert zunächst eine gut entwickelte visuelle Unterscheidungsfähigkeit, um die verschiedenen Buchstaben voneinander unterscheiden zu können, auch wenn Schriftart und Schrifttype unterschiedlich sind. Daß die Grundlagen für visuelle Unterscheidungsfähigkeit, man kann auch sagen Wahrnehmungsleistung, bereits vor dem Schuleintritt gelegt werden, zeigte das kleine Beispiel im ersten Abschnitt dieses Kapitels. Aber die sichere Unterscheidung der Buchstaben und das Erkennen der verschiedenen Worte bilden erst die erste Reihe von Steinen für das Lesefundament. Für flüssiges Lesen und die Orientierung in einem Text sind darüber hinaus räumliches Vorstellungsvermögen und eine gute Koordination der Augenbewegungen gefragt. Dabei mag der von vielen Kindern

2 Zum symbolische Spiel finden Sie Näheres im Abschnitt »Spielend lernen«

3 vgl. Englbrecht/Weigert 1991: »Lernbehinderungen verhindern«

als Hilfe verwendete, den Text verfolgende Finger zunächst eine Unterstützung sein. Flüssiges Lesen erfordert darüber hinaus, daß die Augen dem Sprechen immer um einige Worte voraus sind. Der Inhalt des Textes wird schließlich durch Sprachmelodie und -rhythmus verdeutlicht. Es ist also am besten, den Text bereits während des Lesens zu verstehen.

Schon diese kleine Auswahl von Steinen aus dem Lesefundament mag einen Eindruck davon vermitteln, daß das fertige Gebäude leicht ins Wanken kommen kann, wenn einer der Steine fehlt oder nicht richtig eingesetzt ist.

Betrachtet man dazu das Schreiben – sei es nach Diktat oder im freien Aufsatz – wird das Gebäude noch anspruchsvoller. Für 6-7jährige ist es gar nicht einfach, die fein abgestimmten Schreibbewegungen zu erlernen. Erst allmählich glättet sich das Schriftbild, und die überschießenden Ecken, Kanten und Schleifen verschwinden. Beim Diktat muß das Kind aber während des schon an sich schwierigen Schreibvorgangs auch den gesprochenen Text hören, ihn verstehen, die Wörter erkennen, sich an die richtige Schreibweise erinnern und diese zu Papier bringen. Um eine gute Note dabei zu bekommen, darf das Ganze aber auch nicht zu lange dauern und, als ob es ganz einfach wäre, das Schriftbild sollte ansprechend, ordentlich und leserlich sein …

Lesen und Schreiben erfordern also neben der visuellen und akustischen Unterscheidungsfähigkeit auch die Auffassung von Sprachmelodie und Sprachrhythmus:

Ein beliebtes Beispiel dafür ist der Satz: »Der Lehrer sagt der Schüler ist ein Esel.« Wer hier wen für einen Esel hält, wird erst verständlich, wenn man die Stimme an den entsprechenden Stellen hebt oder senkt. Im geschriebenen Text sind die Kommata für das Verständnis erforderlich.[4]

---

4 aus Breuer/Weuffen: Gut vorbereitet auf das Lesen- und Schreibenlernen? VEB Deutscher Verlag der Wissenschaften, Berlin DDR 1985

Gelegentlich ist für Eltern schwer zu verstehen, daß bei einem Kind »plötzlich« in der Schule Probleme in diesen Teilfunktionen zutage treten, obwohl sich das Kind bis dahin völlig unauffällig entwickelt hat. Beim Spielen oder in der familiären Umgebung trägt aber nicht nur das gesprochene Wort zur Verständigung bei. Die jeweilige Situation, begleitende Gesten, Mund-, Augen- oder Kopfbewegungen sowie Stimmfärbung und Lautstärke sind ebenfalls Teil der übermittelten Botschaft. Daher ist es häufig gar nicht erforderlich, genau zu hören, um zu verstehen. Schwächen, zum Beispiel bei der Wahrnehmung durch das Gehör, können also über andere Wahrnehmungskanäle ausgeglichen werden. In der Schule aber, gerade in einer Streßsituation wie dem Diktatschreiben, fallen diese Ausgleichsmöglichkeiten weg, und die Schwäche wird deutlich.

Neben den Wahrnehmungsleistungen spielt beim Lesen- und Schreibenlernen auch das Gedächtnis eine wichtige Rolle. Die deutsche Sprache ist in vielen Fällen nicht lauttreu, d. h. Laute und Lautverbindungen, die gleich klingen, werden in verschiedenen Worten ganz unterschiedlich geschrieben. Umgekehrt kann die Aussprache bei gleicher Schreibweise ganz unterschiedlich sein. Die Gliederung eines Wortes erfolgt zudem beim Sprechen durch die Sprechsilben, beim Schreiben dagegen durch die Buchstaben. Zuhören alleine ermöglicht also noch lange keine korrekte Rechtschreibung; man muß wissen, wie etwas geschrieben wird.

Man tut den Kindern Unrecht, denen man den Rat gibt: »Hör doch richtig zu, dann weißt du auch, was du schreiben mußt!« Versuchen Sie doch einmal selbst, den Unterschied zu hören: Fuchs – Lux – Luchs, wiedersehen – widerstehen, Obst – Propst, Lied – Lid; es ist nicht möglich. Wer die korrekte Schreibweise nicht weiß, hat keine Chance. Es ist also beim Lesen- und Schreibenlernen wichtig, daß sich dem Kind die Worte und Wortverbindungen ins Gedächtnis einprägen und nahezu unbewußt ohne Zeitverzögerung abgerufen werden können. Wer einen Computer hat und sich schon oft über das langsame Disketten- oder Festplattenlaufwerk geärgert hat, weiß, daß schneller Datenzugriff eine hohe Rechenleistung des Computers und ein gut funktionierendes Speichermedium erfordert. Es überrascht daher nicht, daß von einigen Wissenschaftlern ein Zusammenhang zwischen Lern- und Leistungsstörungen und einer Speicherschwäche des Gedächtnisses angenommen wird.

Schon lange, bevor eine bewußte Vorstellung von der Zahl besteht, kennen und benutzen kleine Kinder Zahlwörter. Zunächst ist die Zahl ähnlich wie eine Eigenschaft, z. B. »blau« oder »hart«, eng mit den bezeichneten Gegenständen verbunden. »Zwei Bälle« sind von »einem Ball« genauso verschieden wie ein blauer Ball von einem gelben. Einen vom Gegenstand losgelösten Begriff von der Zahl oder von der Menge entwickeln Kinder erst sehr viel später. Auch für das Rechnen sind räumliches Orientierungsvermögen und eine klare Vorstellung von rechts und links unbedingt erforderlich. Zweistellige Zahlen wie »43« und »34« sind nicht nur vom Schriftbild her leicht zu verwechseln. Die Tatsache, daß man beim Sprechen »dreiundvierzig« die Reihenfolge der Zehner und Einer gegenüber den Ziffern umstellt, kompliziert die Unterscheidung zusätzlich. Man sieht gelegentlich Kinder, die, auch wenn sie schon älter sind, die Angewohnheit beibehalten haben, bei zweistelligen Zahlen zuerst die Einerziffer und dann die Zehnerziffer zu schreiben.

Kinder benötigen für den Umgang mit Zahlen und das Rechnenlernen immer wieder die Verbindung zum konkreten Gegenstand, den man in die Hand nehmen kann. Moderner Mathematikunterricht (die »Rechenstunde« hat ausgedient) berücksichtigt das, indem immer wieder Bezüge zur Lebenswelt der Kinder hergestellt werden, und der Weg zum Zahlbegriff über das Tun gesucht wird.

Lernen statt Spielen? – Spielend lernen!

Überall in der Welt spielen Kinder. Natürlich überall verschieden, aber überall und in jedem Alter mit Hingabe, Phantasie und Vergnügen. Das ist so selbstverständlich, daß die Frage, warum Kinder überhaupt spielen, absurd erscheint. Spielen ist es ja gerade, was das Kindsein ausmacht und vom »richtigen« Leben der Erwachsenen so wohltuend unterscheidet. Die Frage nach dem »Warum« ist für das Spiel eher wissenschaftlich, und es verwundert nicht, daß sich Generationen von Psychologen mit dem Kinderspiel beschäftigt und unzählige Theorien darüber entwickelt haben.

Im Zusammenhang mit Lern- und Leistungsstörungen sind einige Gesichtspunkte des Spielens interessant. Das Spiel ist ähnlich wie die Sprache ein Spiegel der geistigen Entwicklung eines Kindes in den verschiedenen Phasen. Die Spielerscheinungen der ersten Lebensmonate beziehen sich auf den eigenen Körper, später auch auf Objekte wie Puppen oder anderes Spielzeug. Einzelne Bewegungen werden spielerisch aneinandergereiht und vermitteln dem Kind erste Bewegungserfahrung und Sinneseindrücke. Einen erkennbaren Ausdrucks- oder Sinngehalt haben diese Spielerscheinungen jedoch noch nicht. Erst etwa ab dem 2. Lebensjahr werden Vorstellungen und Erlebnisse des Kindes beim Spiel umgesetzt und mitgeteilt. Dieses sogenannte »symbolische« Spiel geht zwanglos in das eigentliche Rollenspiel über, das ab etwa 3–4 Jahren die Spielform überhaupt darstellt. Alltägliche Situationen und Erlebnisse wie »Vater, Mutter, Kind«, Einkaufen, Arzt, Schule usw. sind Gegenstand und Ausgangspunkt dieser Spielsituationen, deren phantasievolle und dem Erwachsenen oft unergründliche Ausgestaltung keine Grenzen kennt. Mit zunehmender Sicherheit der Sprache gewinnt das Rollenspiel mit mehreren Kindern an Reiz. Aber auch ältere Kinder können sich noch stundenlang allein mit

Rollenspielen beschäftigen. Zusätzlich zu dieser Spielform treten ab etwa 6–7 Jahren Spiele, die von mehreren Kindern nach festgelegten und von allen Mitspielern anerkannten Regeln gespielt werden. Zu den Regelspielen gehören traditionelle Spiele wie »Räuber und Gendarm«, die unzähligen Varianten von Hüpf-, Spring- und anderen Geschicklichkeitsspielen. Auch die vom Handel fertig angebotenen Spiele gehören in diese Kategorie. Viele von ihnen haben sich im Lauf der Jahre zu regelrechten Klassikern entwickelt und werden auch von erwachsenen »Kindern« noch gerne gespielt.

Die Erscheinungen des Spiels stehen in einer engen Wechselbeziehung zur geistigen Entwicklung. Die ersten spielerischen Bewegungsabläufe des Säuglings spiegeln die einfachen, grundlegenden Wahrnehmungsstrukturen wider. Sowohl die Wahrnehmung als auch die Bewegungsabläufe werden im Spiel geübt, stabilisiert und weiterentwickelt. Dies ist die Voraussetzung für den spielerischen Ausdruck der sich entwickelnden Vorstellungswelt des Kindes im symbolischen Spiel und im Rollenspiel. Vorstellung und innere Bilderwelt des Kindes werden im Spiel einerseits der Umgebung mitgeteilt, andererseits aber auch weiterverarbeitet, verändert und in neue Zusammenhänge gestellt. Diese Entwicklung gewinnt durch die Sprache neue Möglichkeiten. Das Spielen und die sprachliche Entwicklung fördern sich wechselseitig nachweisbar und erheblich. Neben der Sprache werden in den meisten Spielen auch die Geschicklichkeit sowie gerichtete und rhythmische Bewegungsabläufe eingeübt. Beides sind wichtige Grundlagen für das Schreiben-, Lesen- und Rechnenlernen.

Das Spiel nach Regeln in einer Gruppe hat aber noch einen anderen Aspekt, über den es sich lohnt, etwas nachzudenken. Ein Kind macht hier zum ersten Mal die Erfahrung, daß eine gemeinsame Beschäftigung nur gelingt und Spaß macht, wenn alle Beteiligten die Regeln einhalten und sich in den Spielverlauf einordnen. Andererseits muß man sich behaupten und durchsetzen, wenn man gewinnen möchte. Das Kind lernt also ein Spannungsverhältnis zwischen der Notwendigkeit, sich unterzuordnen, und dem Willen, sich durchzusetzen, kennen. Diese Spannung kennzeichnet viele Situationen im späteren privaten, schulischen und beruflichen Leben. Beim Spiel kann ein Kind schon früh, ganz ohne Zwang von außen, die Grundlagen für ein stabiles soziales Verhalten entwickeln, das es ihm später ermöglicht, die richtige Mischung aus Anpassungsfähigkeit und Durchsetzungswillen für sich zu finden.

Kapitel 2: Wie äußern sich Lern- und Leistungsstörungen?

Genauso wenig, wie ein Kind dem anderen gleicht, gleichen sich die Erscheinungsbilder von Lern- und Leistungsstörungen. Sie haben lediglich gemeinsam, daß ein Kind aufgabenbezogene Leistungen nicht oder nur fehlerhaft erbringt. Das Kind macht also viele Fehler in den schulischen Fächern wie Lesen, Schreiben und Rechnen.

Die Grundprozesse (in erster Linie sind es Wahrnehmungsleistungen), die für aufgabenbezogene Leistungen erforderlich sind, sind in der folgenden Liste[5] zusammengestellt:

1. *Sehen*
2. *Hören*
3. *Riechen und Schmecken*
4. *Fühlen, Greifen und Tasten*
5. *Bewegung (Grob- und Feinmotorik)*
6. *Gleichgewicht*
7. *Sprechmotorik und Artikulation*
8. *Gedächtnis*
9. *Aufmerksamkeit und Konzentration*
10. *Sprachverständnis, Sprachwissen, Kommunikation*
11. *nonverbale Sprache*

---

5 Oerter, R.: Leistungsstörungen: Ursachen, Diagnose und Intervention. In: Rumpler F. 1987, S. 27–43

Lesen, Schreiben und Rechnen sind nur möglich, wenn Kinder eine gut funktionierende Wahrnehmung in allen Bereichen haben. Kinder lernen anders als Erwachsene mit allen Sinnen. Ohne Be-greifen gibt es für Kinder kein Lernen. Durch Be-greifen sammeln sie Erfahrungen; nur durch Erfahrungen sind Vorstellungen möglich.

Bei Reifungsverzögerungen in einem oder mehreren der genannten Punkte ist eine Lernstörung wahrscheinlich.

Überforderung des Kindes, neurotische Familienverhältnisse, Krankheit, lang andauernde Krisen usw. können neben Reifungsverzögerungen der Wahrnehmungsleistung Lern- und Leistungsstörungen auslösen.

Die Ursachen werden jedoch zweitrangig, wenn die Lernstörung schon weiter fortgeschritten ist, wenn also das Kind über Wochen und Monate viele Fehler macht, wenn es sich nur noch wenig zutraut und wenn außer dem Kind auch die Eltern und Lehrer des Kindes zunehmend verunsichert werden.

Wenn Kinder nicht begreifen, wenn sie also Probleme mit dem Lernen haben, beobachten Sie folgende Verhaltensweisen über einen längeren Zeitraum hin:

- *Das Kind leidet unter Konzentrationsstörungen.*
- *Es ist schnell ablenkbar.*
- *Das Kind hat Angst vor Klassenarbeiten und will dann wegen »Kopfschmerzen« oder »Bauchschmerzen« nicht zur Schule gehen.*
- *Das Kind läßt sich rasch entmutigen, wenn es Anforderungen nicht erfüllen kann.*
- *Das Arbeitsverhalten ist chaotisch, Ordnung schaffen und halten fällt schwer.*
- *Das Kind hat wenig Ausdauer beim Lernen.*
- *Die Aufmerksamkeit hält nur für kurze Zeit an.*
- *Das Kind vergißt viel.*
- *Es braucht viel Zeit beim Lösen von Aufgaben.*

- Es sagt: »Ich kann das nicht! Ich lerne das nie!«
- Das Kind arbeitet nur mit Unterstützung durch die Eltern, es ist unselbständig.
- Es ist verunsichert und unsicher.
- Es fühlt sich minderwertig.
- Es macht viele Fehler im Schreiben, Lesen und Rechnen.
- Die Hausaufgaben sind für Kind und Eltern eine Quälerei.
- Die Eltern sind enttäuscht, weil ihr Kind so viele Fehler macht und nicht so arbeitet, wie sie es sich wünschen.
- Die Eltern sorgen sich um die Zukunft ihres Kindes.
- Sie möchten dem Kind helfen, sie kontrollieren es, setzen es unter Druck und strafen es für Fehlverhalten. Das erzeugt Abwehrverhalten beim Kind.
- Das Kind leidet unter seinem angeschlagenen Selbstwertgefühl; es versucht, anders Aufmerksamkeit zu erreichen, z. B. durch übertrieben albernes Verhalten (es wird zum Klassenclown).
- Es verhält sich bockig und aggressiv und/oder weinerlich.
- Es kommt zu Streitereien.
- Das gesamte Familienleben ist durch die schulischen Probleme beeinträchtigt.
- Alle Beteiligten leiden unter Streß, z. T. mit körperlichen Symptomen wie Migräne, Schlafstörungen, Übelkeit, Kopf- und Bauchschmerzen.

Die letzten Punkte dieser Übersicht zeigen, daß die Lernstörung weit über die Fehler im Schreiben, Lesen und Rechnen hinausgeht. Da Kinder weit stärker als Erwachsene auf Bestätigung und Erfolgserlebnisse beim Lernen angewiesen sind, kann ein Kind nicht längere Zeit mit dem Gefühl fertig werden, den Anforderungen in der Schule nicht gerecht zu werden und ständig Fehler zu machen. Wenn die Bestätigung durch Erfolge beim Lernen ausbleibt, muß das Kind sich Zuwendung und Aufmerksamkeit der anderen Kinder und der Erwachsenen anders verschaffen. Je nach Temperament kann ein Kind sich z. B. in aggressives Verhalten flüchten; es kann versuchen, durch übertrieben albernes Verhalten Aufmerksamkeit zu bekommen, oder aber es zieht sich mehr und mehr in sich selbst zurück und verweigert den Kontakt, da dieser ja doch immer wieder zu Überforderung und Frustration führt. Alle diese Verhaltensweisen haben gemeinsam, daß sie das Lernen weiter erschweren und die Hilfsversuche belasten. Hier ist die Lernstörung an einem Punkt angelangt, wo sie sich selbst verstärkt. Fachleute wählen dafür den anschaulichen Begriff des Teufelskreises[6], in den sich ein so betroffenes Kind immer tiefer verstrickt. Die Verhaltensänderung des Kindes belastet mit zunehmender Dauer auch das Verhältnis zu den Mitschülern, zu Freunden, zu den Lehrern und natürlich zur Familie. Die sozialen Bezüge, die für Kinder, gerade wenn sie Probleme haben, so besonders wichtig sind, werden also ebenfalls immer tiefgreifender gestört. Dies führt zu einer weiteren Beeinträchtigung der schulischen Leistungen und erschwert die Möglichkeiten zur Hilfe zusätzlich.

Schließlich sind alle Betroffenen verzweifelt und wissen nicht mehr ein noch aus. Das Kind leidet unter einer starken Lernhemmung, die Stimmung in der Familie ist schwer belastet und das Kind wird in der Familie und in seinem Freundeskreis zunehmend isoliert.

Wen wundert es, daß in dieser Situation z. B. eine Förderstunde einmal wöchentlich oder der Ratschlag, mehr mit dem Kind zu üben, wenig ausrichten kann? Jetzt muß es in erster Linie darum gehen, das Selbstwertgefühl des Kindes wieder aufzubauen, Zutrauen der Eltern in die Leistungen

---

6 Betz/Breuninger: Teufelskreis Lernstörungen. Psychologie Verlags Union, 2. Aufl. München, Weinheim 1987

des Kindes wiederherzustellen und dem Kind wieder Spaß am Lernen zu verschaffen.

Eltern wünschen sich, daß ihr Kind Erfolg im Lernen hat. Sie freuen sich über Lernerfolge des Kindes und sind stolz. Dann sind sie gelassen und trauen dem Kind weitere Erfolge zu. Das Selbstwertgefühl wird durch das Zutrauen der Eltern besonders gestärkt. Die Lernerfolge und das Zutrauen der Umwelt wirken auf das Kind motivierend; es bekommt Spaß am Lernen, es arbeitet selbständig und aufmerksam. Fortschritte stellen sich ein, das Kind vertraut den Eltern und erzählt aus der Schule, man ist im Gespräch. So können die Eltern angemessene Erwartungen an das Arbeitsverhalten des Kindes stellen und ihm die Möglichkeit geben, weiteren Erfolg zu haben.

Die häuslichen Lernbedingungen sind entscheidend für die Entwicklung des Kindes. Hier können Eltern Einfluß nehmen und die Lernhemmung des Kindes lösen. Wie Eltern das schaffen können, wird an verschiedenen Beispielen beschrieben.

In der langjährigen Arbeit mit Kindern, Eltern und Lehrern finden sich immer wieder Parallelen zwischen den Kindern und den Problemen der Familien. Faszinierender sind jedoch die Unterschiede: Die Symptome sind ähnlich, aber die damit verbundenen Gefühle und der Umgang damit sind völlig verschieden und erfordern entsprechend unterschiedliche Ansätze zur Hilfe.

Sicherlich existieren unter den Lesern dieses Buches Eltern, die zwar Parallelen zu den Schwierigkeiten der hier beschriebenen Klienten und ihren eigenen Nöten sehen, die sich aber bei der Umsetzung dieser Ratschläge überfordert fühlen. Dann ist es wichtig, daß Sie Ihrem eigenen Gefühl trauen und niemals Tips umsetzen, die für Ihr Gefühl und Ihre Situation so nicht stimmen.

Erfahrungsgemäß haben Eltern meist ein feines Gespür für ihr Kind. Daher können sie oft schnell einschätzen, ob die in der Beratung und Therapie erarbeiteten Vorgehensweisen erfolgreich sein können oder nicht.

Hauptziel ist beispielsweise: Ein Kind soll selbständig Hausaufgaben machen. Für manche Eltern macht es Sinn, sich ab sofort ganz aus den Hausaufgaben herauszuhalten; einige fühlen sich bei dem Gedanken schon entlastet und befreit. Für andere Eltern ist es zunächst sinnvoller, sich neben das Kind zu setzen und mit ihm gemeinsam die Hausaufgaben zu erledigen.

Für alle gilt: Der Weg zum Ziel ist in viele kleine Zwischenschritte einzuteilen, die ganz individuell entwickelt werden müssen, um für die besondere Lebenssituation betroffener Eltern und Kinder stimmig und erfolgreich zu sein.

Die in den nachfolgenden Fallbeispielen dargelegten Empfehlungen sind rigoros, weil sie so klarer die Wege zu den Hauptzielen für positive Lernprozesse weisen.

»Viele Wege führen nach Rom«! Lassen Sie sich also bitte auf keine Absprachen ein, die gegen Ihr Gefühl gehen. Die in der Therapie und Beratung entwickelten Neuerungen sollen für Sie sinnvoll und hilfreich sein. So sind wohltuende Veränderungen möglich, die nicht in Streß und zusätzliche Belastungen ausarten.

Für diesen Ratgeber wurden als Beispiele vier Kinder im Alter zwischen 7 und 15 Jahren ausgewählt; zwei Jungen und zwei Mädchen, deren individuelle Situation sich jeweils stark voneinander unterscheidet. Aus Datenschutzgründen wurden die Namen und alle persönlichen Angaben geändert. So können sich Eltern, die weniger betroffen sind, ein Bild von den Schwierigkeiten dieser Kinder machen und verstehen, was es bedeutet, ein lerngestörtes Kind zu haben. Für betroffene Eltern wird es an vielen Stellen »Wiedererkennungseffekte« geben (»Aha, so ähnlich ist es bei unserem Kind auch«), die dann hoffentlich dazu führen, daß Eltern Mut schöpfen und mit Zuversicht neue Wege gehen.

Erstes Fallbeispiel: Leonie

Leonie ist 6 Jahre alt und besucht die erste Klasse der Grundschule. Die Eltern beschreiben die Tochter so: »Leonie ist lieb, schnell versöhnbar, hektisch, lebendig und handelt sehr schnell. Sie hat ein sehr gutes Gedächtnis.« Leonies Mutter war kaufmännische Angestellte und ist jetzt Hausfrau, der Vater ist Angestellter. Leonie hat keine Geschwister.

Vorgeschichte

Die Schwierigkeiten beginnen mit der Einschulung. Zwei Monate später wird Leonie wegen großer Probleme beim Lesen- und Rechtschreibenlernen wieder ausgeschult. Da es im Ort keine Vorschule gibt, bleibt sie dennoch in der Klasse.

»Wenn Leonie sich gut entwickelt, bekommt sie die erste Klasse trotzdem angerechnet« – so die Lehrerin. Sie empfiehlt, die Mutter solle mit der Tochter zusätzlich viel üben.

Probleme und Symptome

Leonie macht viele Fehler beim Lesen und Schreiben. Sie liest fremde Wörter und Texte sehr langsam und stockend. Sie errät häufig voreilig die Bedeutung eines Wortes, ohne es zu lesen. Obwohl sie so langsam liest, macht sie viele Fehler. Manchmal »liest« sie fließend. Dann kann sie den Text auswendig.

Wegen ständiger Bauchschmerzen verschreibt der Arzt ihr Tabletten, die sie seit über sechs Monaten einnimmt. Die Bauchschmerzen halten an. Der Arzt rät der Familie zu einer Therapie.

Die schulische Situation verunsichert Leonies Mutter besonders, weil sie selbst ein Schuljahr wiederholen mußte und schlechte Erfahrungen dabei gemacht hat. Aus Angst, ihrer Tochter könne es ebenso ergehen, nimmt sie die Empfehlung der Lehrerin besonders ernst und übt … und übt … und übt – jedoch ohne Erfolg.

Äußerungen der Beteiligten

Die Mutter: »Ich muß Leonie zum Lesen zwingen. Ohne Druck würde sie die Hausaufgaben nicht machen. Täglich sitzen wir 1–2 Stunden an ihren Hausaufgaben. Wenn ich mich nicht daneben setze, bekommt das Kind nichts fertig. Es lenkt ständig ab. Es gibt lange Diskussionen, und alles endet mit Geschrei auf beiden Seiten. Leonie sitzt dann da und weint. Ich weine dann auch. Täglich üben wir noch zusätzlich 30 Minuten.«

Der Vater: »Wenn ich von der Arbeit nach Hause komme, ist immer dicke Luft bei uns. Alles dreht sich nur noch um die Schule. Es ist furchtbar, und dabei ist Leonie doch erst in der ersten Klasse.«

Leonie: »Schule ist doof. Ich will gar nicht Lesen lernen. Ich kann das nicht. Ich bin zu blöd dafür. Ich will viel lieber spielen als Hausaufgaben machen.«

Die Lehrerin: »Das Kind kann sich nicht konzentrieren. Ständig lenkt es ab und läuft in der Klasse herum. Leonie hat Schwierigkeiten, sich etwas zu merken. Sie verwechselt beim Schreiben oft g-k, d-t und v-w. Beim Lesen gelingt ihr das ›Zusammenschleifen‹ der Wörter nicht.«

> *Hauptprobleme:*
> *Hausaufgabensituation*
> *Verunsicherung der Eltern*
> *Lesen- und Schreibenlernen*
> *Entwicklungsverzögerung bei der akustischen und visuellen Wahrnehmung*

Ziele der Eltern

Leonies Eltern wünschen sich, daß das Kind in der Schule wieder besser zurechtkommt, und daß es in der Familie ruhiger wird.

Was die Eltern tun können

Leonies Eltern klären zunächst einmal das Hör- und Sehvermögen der Tochter. Der Arzt bestätigt, daß alles in Ordnung ist.

Die Problembereiche im einzelnen:

• Hausaufgabensituation

Zu Hause erlebt das Kind immer wieder einen Rollenkonflikt: Die Mutter schlüpft in die Rolle der Lehrerin und belastet dadurch die Beziehung zu ihrem Kind. Die Mutter hat hohe Erwartungen an Leonies Arbeitsverhalten während der Hausaufgaben und überfordert sie damit. Leonie schreibt hektisch, lenkt ab und verwickelt die Mutter in Diskussionen. Es geht dann nicht mehr um die Hausaufgaben, sondern um einen Machtkampf zwischen Mutter und Tochter, der mit Tränen und Geschrei auf beiden Seiten endet.

▶ Ratschläge zur Abhilfe

Leonie braucht mehr Zeit zum Lesen und Schreiben als andere Kinder und nicht mehr Druck! Sie versuchen, den Erfolg zu erzwingen, indem Sie viel üben. Das Üben belastet aber nur die Beziehung zwischen Ihnen und Ihrem Kind. Lernerfolge kann man nicht erzwingen. Nehmen Sie den Druck von Leonie, wenn Sie ihr helfen wollen, und hören Sie mit dem zusätzlichen Üben auf.

Überforderung ist die größte Strafe für jedes Kind. Jedes sture zusätzliche Üben überfordert Leonie. Sie wehrt sich dagegen, um ihr Selbstwertgefühl zu schützen. Wenn Leonie nicht von sich aus üben möchte, seien Sie geduldig, und zwingen Sie sie nicht.

Lassen Sie Leonie selbständig arbeiten. Setzen Sie sich nicht daneben, sondern gehen Sie Ihrer Hausarbeit nach, wenn Leonie Hausaufgaben macht. Zwar brauchen Kinder in der ersten Klasse sicherlich noch Unterstützung, doch in Ihrem konkreten Fall ist weniger Hilfe mehr Hilfe.

Setzen Sie klare Grenzen: Besorgen Sie einen Kurzzeitwekker, den Leonie für die Hausaufgaben benutzt. Stellen Sie die angegebene Höchstzeit für Hausaufgaben (s. Kapitel 3) ein, und lassen Sie Leonie während dieser Zeit und nicht länger alleine arbeiten. Treffen Sie darüber Vereinbarungen mit der Lehrerin und halten Sie diese konsequent ein.

Klären Sie Fragen zu den Hausaufgaben, bevor Leonie damit anfängt. Beantworten Sie die Fragen nur kurz, und erklären Sie nur das, was Leonie fragt und nicht mehr. Andernfalls laufen Sie wieder Gefahr, in die Lehrerinnenrolle zu rutschen.

Kontrollieren Sie nur dann die Hausaufgaben, wenn Sie gelassen auf Fehler reagieren können. Wenn Sie gereizt, genervt oder wütend sind, tun Sie es besser nicht. Es schadet nur Ihrer Beziehung zu Leonie. Nehmen Sie Ihre Gefühle in diesem Zusammenhang ernst!

- Verunsicherung
Aufgrund ihrer eigenen schlechten Erfahrungen bemüht sich die Mutter, der Tochter Lesen und Schreiben beizubringen. Dabei hat sie die besten Absichten, nämlich der Tochter die selbst erlebten Schwierigkeiten zu ersparen. Weil die Mutter noch heute darunter leidet, erlebt sie die Situation der Tochter als bedrohlich. Mit aller Gewalt möchte sie einen Lernerfolg durch Üben erzwingen. Die Mutter ist stark verunsichert, diese Unsicherheit überträgt sich auf die Tochter.

▶ Ratschläge zur Abhilfe
Sie haben Angst vor dem zukünftigen Versagen Ihrer Tochter. Dieses hilft dem Kind in der jetzigen Situation nicht, sondern schwächt das Zutrauen in seine eigene Leistungsfähigkeit. Hinterfragen Sie Ihre Angst. Um Ihrem Kind mehr Sicherheit zu geben, müssen Sie an Leonie glauben und ihr nicht Dummheit oder Faulheit unterstellen.

Bedenken Sie: Lernerfolge sind Lebenserfolge für Kinder. Mißerfolge kränken das Kind in seiner Persönlichkeit, es fühlt sich als Versager, wird verunsichert, traut sich nur noch wenig zu; es wird ein schwieriges Kind.

Leonie braucht mehr Zeit, also geben Sie ihr mehr Zeit. Planen Sie deshalb ein, daß Leonie ein Schuljahr wiederholt. So nehmen Sie sich und Leonie den Zeitdruck.

Konzentrieren Sie sich auf das, was Leonie kann. Zeigen Sie ihr nicht ständig, was sie noch nicht kann. Legen Sie ein Tagebuch an, in dem Sie ausschließlich Positives über Leonie vermerken. Tragen Sie täglich drei Dinge ein, die Leonie gut gemacht hat.[7]

Führen Sie keine langen Diskussionen über die Schwierigkeiten des Kindes. Dadurch geben Sie den Problemen einen Stellenwert, den diese gar nicht verdienen. Damit wird die Unsicherheit nur verstärkt.

Versuchen Sie nicht, Leonie davon zu überzeugen, daß Üben nötig ist. Im Grunde will sie üben, hat aber viele schlechte Erfahrungen gemacht, die sie erst einmal überwinden muß. Zur Zeit ist Leonie nicht in der Lage, Ihre guten Absichten zu erkennen und zu würdigen. Ihr Kind braucht in erster Linie Zeit, Vertrauen und Erfolg. Nur durch Vertrauen kann man Sicherheit schaffen. Setzen Sie Ihr Vertrauen in die Fähigkeiten Ihrer Tochter, so stärken Sie ihr Selbstwertgefühl.

• Lesen- und Schreibenlernen

Leonies Schreibverhalten ist völlig aus dem Lot geraten. Sie schreibt hektisch und viel zu schnell. Beides ist auch als Vermeidungsverhalten zu verstehen und führt begreiflicherweise zu vielen Fehlern. Die Sprech-Schreib-Koordination ist nicht gefestigt. Dadurch wächst die Unsicherheit.

▶ Ratschläge zur Abhilfe

Wenn Leonie sicherer wird, ändert sich auch das Lese- und Schreibverhalten. Überlassen Sie der Lehrerin die Aufgabe,

---

7 nach Betz/Breuninger

Leonie Lesen und Schreiben beizubringen, sie ist dafür ausgebildet. Halten Sie sich möglichst zurück. Trauen Sie der Lehrerin zu, daß sie einen Weg finden wird.

Mit der Empfehlung, mehr zu üben, hatte die Lehrerin die besten Absichten. Sie konnte nicht erkennen, daß Leonie schon zu tief im Teufelskreis der Lernstörung steckte.

Betrachten Sie die Fehler, die Leonie macht, als wichtige Schritte auf dem Weg zur Schrift. Alles braucht seine Zeit. Schließlich verlangt man von einem Kleinkind auch nicht, daß es sofort tadellos laufen kann.

Für Leonie ist Ihre Einstellung zu den Schwierigkeiten beim Lesen- und Schreibenlernen entscheidend.

- Entwicklungsverzögerung in der akustischen und visuellen Wahrnehmung

Leonie verwechselt ähnlich klingende Laute wie g-k, t-d, v-f etc. und ähnlich aussehende Buchstaben und Buchstabenfolgen wie ie-ei, d-b, a-o, p-q etc. Sie liest nicht wirklich, sondern kennt den Text auswendig oder errät den Sinn. Ursache dafür kann eine Störung oder Schwäche der Wahrnehmung sein. Bei Leonie ist, so muß man es annehmen, die Entwicklung der visuellen Wahrnehmung gegenüber den anderen Kindern noch nicht so weit fortgeschritten, so daß es ihr nicht gelingen kann, die Schriftbilder verschiedener Buchstaben, Buchstabenfolgen und Wörter sicher und schnell genug zu erfassen und zu unterscheiden.

▶ Ratschläge zur Abhilfe

Fördern Sie Leonie, indem Sie sie viel spielen lassen. Spielerisch kann die Entwicklung der Wahrnehmung am besten gefördert werden.[8] Achten Sie auf kleine Lernfortschritte und loben Sie Ihr Kind dafür. Konzentrieren Sie sich auf das, was es schon kann. Berichten Sie der Lehrerin von Ihren Be-

---

8 Anregungen dazu finden Sie im Abschnitt über Spielen und in der Spieleliste im 3. Kapitel

obachtungen, und treffen Sie ggf. konkrete Vereinbarungen. Überlassen Sie der Schule die Förderung im Lesen und Schreiben. Wenn das Kind nicht am Förderunterricht teilnehmen will oder nur ungern hingeht, reden Sie mit der Lehrerin, und sorgen Sie dafür, daß Leonie von diesem Unterricht befreit wird. Verweisen Sie unter Umständen auf den Erlaß[9] zum Förderunterricht[10]. Beim Lesen als Hausaufgabe können Sie Leonie mit dem Lesepfeil und Silbenbögen unterstützen, wenn Leonie das möchte.[11]

Mit welchen Schwierigkeiten die Eltern rechnen müssen

Die Lehrerin hat die Erfahrung gemacht, daß man durch Üben Lesen und Schreiben lernt. Natürlich hat sie recht: Ohne Üben geht es nicht. Allerdings hat es nur dann Sinn, wenn die Grundlagen fürs Lernen stabil sind. Bei Leonie ist das noch nicht der Fall, daher bringt das Üben nicht den gewünschten Erfolg. Die Lehrerin beharrt dennoch auf ihrer Empfehlung. Das bedeutet für Leonies Mutter einen Rollenkonflikt. Die Lehrerin sagt, die Mutter solle mehr mit Leonie üben. Unter den Diktaten steht immer wieder »Hast du wirklich geübt?«. Die Mutter bekommt Schuldgefühle und übt wieder mehr mit Leonie, obwohl sie erkannt hat, daß es das Kind belastet. Die Mutter wird also von ihren eigenen Schuldgefühlen und Ängsten überwältigt; sie kann sie nicht ertragen und übt dann wieder mit dem Kind. Danach geht es der Mutter erst einmal besser, nicht aber Leonie.

Die Eltern erwarten, daß das Kind schon nach einigen Wochen von sich aus zusätzlich vorlesen und Diktate schreiben will. Leonie braucht aber mehr Zeit nach den wochen-

---

9 siehe 5. Kapitel

10 Als Text für den Förderunterricht würde sich bei Leonie das Buch »Eine Vergnügliche Ballonfahrt ins Leseland« von H. Prem besonders eignen (siehe Leseempfehlung im Anhang)

11 Die Lernhilfen wie der Lesepfeil, die Anwendung von Silbenbögen usw. werden im 3. Kapitel ausführlich beschrieben.

und monatelangen Kränkungen durch Versagen, Mißerfolge und Erniedrigungen. Die realistische Erwartung ist also: Leonie wird vorerst nicht von sich aus üben wollen.

Die Eltern müssen daher viel Geduld aufbringen, was ihnen verständlicherweise besonders schwerfällt. Sie müssen lernen, daß in diesem Fall Gelassenheit nicht Gleichgültigkeit bedeutet.

Wie die Eltern Leonies Fortschritte überprüfen können
- Leonie klagt weniger über Bauchschmerzen.
- Das Familienleben wird ruhiger.
- Leonies Verhalten wird ruhiger und koordinierter.
- Sie macht weniger Fehler beim Lesen und Schreiben.
- Leonie kommt mit Klassenkameraden besser zurecht und ist weniger aggressiv.
- Sie gebraucht von sich aus Hilfsmittel wie z. B. den Lesepfeil.

Wenn die Schwierigkeiten trotz schulischer Förderung mehr als 3 Monate anhalten, sollten sich die Eltern an Fachleute wenden und professionelle Hilfe in Anspruch nehmen (s. Kapitel 4).

Zweites Fallbeispiel: Emanuel

Emanuel geht in die 4. Klasse der Grundschule und ist 10 Jahre alt. Sein Vater ist Angestellter, seine Mutter Hausfrau. Er hat drei ältere und eine jüngere Schwester.

Vorgeschichte
Emanuels Mutter hat ein völlig anderes Temperament als der ruhige Sohn: Sie redet sehr schnell – »ohne Punkt und Komma« – und handelt auch schnell. Der Vater hat eine ruhige Wesensart, und der Sohn ist ganz »wie der Vater«. Die

Töchter sind ähnlich lebhaft wie die Mutter. Emanuel dagegen ist immer schon sehr ängstlich.

Emanuels Leistungen schwanken, solange er in der Schule ist. Doch im letzten Jahr hat er besonders große Probleme in Mathematik. Die Eltern sehen als mögliche Ursache eine Krankheit des Vaters, die jedoch inzwischen geheilt ist. Die Furcht vor den Mathearbeiten ist aber geblieben.

Probleme und Symptome

Emanuel macht viele Fehler im Rechnen. Er hat große Angst vor Mathematikarbeiten. Emanuel hat oft Kopf- und Bauchschmerzen und will dann nicht zur Schule gehen. Die Schmerzen hat er besonders vor Mathearbeiten. Wenn Emanuel dann tränenüberströmt vor der Mutter steht, kann sie es nicht ertragen, ihn leiden zu sehen, und schreibt ihm eine Entschuldigung, damit er nicht zur Schule zu gehen braucht.

Emanuel hat keine Spielfreunde. Während die Eltern darunter leiden, spielt Emanuel eigentlich ganz gerne allein.

Äußerungen der Beteiligten

Die Mutter: »Die Kinder streiten oft. Die Mädchen kommen gut klar, aber Emanuel weint viel und zieht bei den resoluten Schwestern oft den kürzeren. Dann sprechen wir ein Machtwort, damit die Mädchen mehr Rücksicht auf den einzigen Bruder nehmen. Meistens hilft das aber nur für kurze Zeit. Emanuel ist nie der Schuldige. Immer behauptet er, die anderen hätten den Streit begonnen. Er tut immer wie ein Unschuldsengel, das ist er aber gar nicht. Der ständige Ärger zwischen den Kindern geht mir sehr auf die Nerven. Immer kommen die Kinder damit zu mir. Unser Junge ist sehr unselbständig. Ich muß alles mögliche für ihn machen, obwohl er alt genug ist, es selbst zu erledigen. Emanuel ist sehr sensibel.«

Der Vater: »Emanuel ist beim Rechnen viel zu langsam. Er muß lernen, schneller zu rechnen. Er macht immer so viele dumme Fehler. Er spielt so häufig allein. Wir organisieren dann Kinder aus der Nachbarschaft oder aus seiner Klasse, damit er jemanden zum Spielen hat.«

Emanuel: »Mit mir hat es ja keinen Sinn mehr. Ich lerne das nie.«

> *Hauptprobleme:*
> *Unselbständigkeit*
> *Rechenschwierigkeiten, Angst vor Klassenarbeiten*
> *Inkonsequenz der Eltern*
> *keine Spielkameraden*
> *Streit unter den Geschwistern*

Ziele und Wünsche der Eltern

Emanuel müßte lernen, negative Erfahrungen besser zu verkraften. Er soll lernen, sich besser zu konzentrieren, sich mehr durchzusetzen und sich zu wehren.

Die Problembereiche im einzelnen – Was können die Eltern tun?

• Unselbständigkeit

Emanuels Mutter ist sehr redegewandt und temperamentvoll. Sie nimmt ihrem Sohn vieles ab, was er eigentlich selbst tun könnte: Im Gespräch antwortet sie für ihn, weil er mehr Zeit zum Überlegen braucht. Sie räumt für ihn auf, und während sie das tut, schimpft sie darüber, daß Emanuel so unordentlich ist. Sie hilft ihm bei den Hausaufgaben. »Wenn er sie alleine macht, trödelt er nur herum und wird nie fertig.« Emanuel kann eigene Erfahrungen kaum machen, weil die Eltern ihm vieles abnehmen. Die Mutter ist ungeduldig mit ihrem Sohn. Sie hat ein völlig anderes Tempo im Denken und Handeln und kann daher Emanuels Langsamkeit nicht verstehen. Sein Handeln geht ihr nicht schnell genug. Sie erwartet, daß Emanuel die Dinge genauso schnell und gut erledigt wie sie selbst.

▶ Ratschläge zur Abhilfe
Überdenken Sie Ihr eigenes Verhalten. Versetzen Sie sich in die Lage Ihres Sohnes. Holen Sie ihn dort ab, wo er steht. Lassen Sie sich auf sein Tempo ein. Geben Sie Ihrem Kind mehr Möglichkeiten, sein eigenes Tempo zu leben und zu finden. Lassen Sie Emanuel so schnell oder so langsam arbeiten, wie er will. Dann wird er Erfolge haben, die er auf sein eigenes Konto verbuchen kann. Nur so können Sie sein Selbstwertgefühl aufbauen.

Nehmen Sie ihm nichts ab, was er eigentlich alleine kann. Geben Sie ihm genug Zeit für seine Aufgaben.

Emanuel hat noch nicht gelernt, sein Zimmer aufzuräumen. Wie sollte er auch, wenn Sie es ständig für ihn erledigen? Lassen Sie den Jungen alleine aufräumen. Vereinbaren Sie mit ihm vorher, wie es nachher aussehen soll. Stellen Sie ihm eine Belohnung in Aussicht, wenn er den Anforderungen genügt. Lassen Sie ihm Zeit dabei, und halten Sie sich möglichst zurück. Ihre Kontrolle dient vor allem Ihrer Beruhigung und weniger der Selbständigkeit Ihres Sohnes.

• Rechenschwierigkeiten, Angst vor Klassenarbeiten
Emanuel macht viele Flüchtigkeitsfehler im Rechnen. Er braucht viel Zeit, die Aufgaben zu lösen. Bei den Hausaufgaben komme er ohne die Hilfe der Eltern nicht klar, so die Eltern. Vor Mathearbeiten hat er große Angst. Er ist dann sehr nervös, hat Bauchschmerzen und wird richtig krank. Aus Mitleid schreiben ihm die Eltern dann eine Entschuldigung, und Emanuel braucht nicht zur Schule zu gehen.

▶ Ratschläge zur Abhilfe
Lassen Sie Ihr Kind die Hausaufgaben alleine machen. Die Aufgaben sind für die Kinder, nicht für die Eltern. Halten Sie

sich zurück, auch wenn Emanuel die Hausaufgaben mit Ihrer Hilfe schneller und ordentlicher machen kann. Ihre Kontrolle signalisiert dem Kind: »Wir trauen dir nicht zu, daß du die Aufgaben alleine lösen kannst.« Auch von Ihrem Zutrauen in seine Leistungsfähigkeit hängt sein Selbstvertrauen ab.

Wie soll das Kind lernen, selbständig, eigenverantwortlich und selbstkontrolliert zu arbeiten, wenn es das nicht bei den Hausaufgaben üben kann? Durch Ihre gutgemeinte Unterstützung wird das Kind von Ihnen abhängig und bekommt Angst in Situationen, in denen Sie nicht dabei sind. Lassen Sie Emanuel Erfahrungen damit machen, mit schwierigen Situationen alleine fertigzuwerden und Lösungswege selbst zu finden.

● Inkonsequenz
Emanuels Unselbständigkeit und allgemeine Ängstlichkeit hängen stark mit der Inkonsequenz der Eltern zusammen. Er ist unselbständig, weil die Eltern vieles für ihn erledigen. Deshalb lernt er auch nicht, Aufgaben alleine zu lösen. Er bekommt dann Angst und versucht deshalb, diese Situation zu vermeiden. Besonders vor Matheaarbeiten hat er oft Kopf- und Bauchschmerzen und will nicht zur Schule gehen. Da die Mutter ihren Sohn nicht leiden oder gar weinen sehen kann, hat sie immer wieder Mitleid und schreibt eine Entschuldigung. Dabei betont sie seit langem immer wieder, daß es jetzt »endgültig das letzte Mal« sei.

▶ Ratschläge zur Abhilfe
Das gutgemeinte Mitleid hilft Emanuel nur kurzfristig. Längerfristig führt es dazu, daß Emanuel lernt, schwierige Situationen durch Weinerlichkeit und Bauchschmerzen zu umgehen. Bedenken Sie, daß Sie Ihrem Sohn dadurch die Chance nehmen, selbst mit diesen schwierigen Situationen fertigzuwerden. Seien Sie konsequent und schreiben Sie keine Ent-

schuldigungen mehr. Nur so kann Emanuel lernen, daß er vor Klassenarbeiten üben muß. Er wird das dann tun, wenn er selbst erkennt, was er kann und was er nicht kann. Halten Sie sich aus diesen schulischen Dingen heraus und treffen Sie darüber auch Absprachen mit den Lehrern.

Ertragen Sie es, wenn Emanuel eine Fünf schreibt. Bleiben Sie konsequent, und lassen Sie ihn auch dann alleine weiterarbeiten. Wenn er etwas nicht weiß, soll er den Lehrer fragen. Das wird er sich erst dann trauen zu tun, wenn es für ihn notwendig ist, weil Sie ihm nicht helfen. Treffen Sie auch hierzu Absprachen mit den Lehrern. Emanuel wird es Ihnen durch wachsendes Selbstvertrauen danken.

Als Eltern wollen Sie Emanuel schwierige Situationen ersparen und versuchen, die negativen Konsequenzen vorwegzunehmen. Dadurch nehmen Sie ihm die Gelegenheit zu lernen, sich selbst mit Schwierigkeiten auseinanderzusetzen und sie zu überwinden. Also: Trauen Sie Emanuel zu, mit den Klassenarbeiten zurechtzukommen, und schicken Sie ihn trotz »Bauchschmerzen« in die Schule. Sie sind dann keine Rabenmutter, sondern zeigen Ihrem Kind, daß Sie in seine Fähigkeiten Zutrauen setzen.

• Keine Spielkameraden
Emanuel hat nur selten Spielkameraden, worunter die Eltern offensichtlich am meisten leiden.

▶ Ratschläge zur Abhilfe
Trauen Sie Ihrem Sohn zu, daß er Kinder einladen kann, wenn er es will. Überlassen Sie es ihm, wann er jemanden einlädt und wann nicht. Sie sollten klare Grenzen setzen, wenn er Langeweile hat und darüber klagt, daß niemand zum Spielen da ist. Es ist sein Problem, nicht Ihres. Übernehmen Sie es zukünftig nicht, ihm Spielfreunde zu organisieren. Wenn es sein Wunsch ist, mit anderen Kindern zu spielen, soll er selbst etwas dafür tun. Wenn er sich nicht be-

müht, erlebt er dann die Konsequenz, daß er alleine spielt. Nur so kann er selbstsicherer und mutiger im Umgang mit anderen Kindern werden.

• Streit unter den Geschwistern

Die Kinder zanken sich oft. Emanuel sagt von sich, daß er niemals den Streit beginnt. Wenn die Eltern nicht Partei für ihn ergreifen, ist er erbost und verzweifelt. Er wirft allen vor, daß keiner ihn mag und alle gegen ihn sind.

▶ Ratschläge zur Abhilfe

Halten Sie sich bei den Streitereien Ihrer Kinder zurück. Überlassen Sie es ihnen, miteinander klarzukommen. Ergreifen Sie nicht mehr Partei für Emanuel. Setzen Sie auch hier eine klare Grenze, und machen Sie den Kindern deutlich, daß Sie ihnen zutrauen, miteinander auszukommen. Nur so hat Emanuel ein Feld, auf dem er lernen kann, sich besser durchzusetzen. Wie sollte er Konflikte und Ängste bewältigen lernen, wenn er es zu Hause nicht üben kann?

Mit welchen Schwierigkeiten die Eltern rechnen müssen

Die Erwartungen an Emanuels Arbeitsverhalten werden zu Anfang überhöht sein. Er hat es bisher nicht gelernt, selbständig zu arbeiten und braucht dazu Zeit. Darüber wird es bei den Eltern Enttäuschung und Ärger geben.

Aus Angst, etwas falsch zu machen, wird Emanuel häufig nachfragen und so die Kontrolle durch die Eltern wieder einfordern. Ermöglichen Sie ihm Selbstkontrolle (z. B. durch einen Taschenrechner zur Überprüfung der Ergebnisse)!

Emanuel wird seine Forderungen vehementer und aggressiver an die Eltern stellen. Die Eltern werden Schwierigkeiten haben, konsequent zu bleiben.

Die Eltern verunsichern das Kind, weil es ihnen schwerfällt, sich zurückzunehmen.

Die Eltern werden weiterhin in die Streitigkeiten der Kinder eingreifen. Besser ist es, in solchen Situationen das Zimmer demonstrativ zu verlassen und sich mit den eigenen Aufgaben zu beschäftigen, z. B. einkaufen zu gehen.

Wie die Eltern Emanuels Fortschritte überprüfen können

- Emanuel wird lebendiger.
- Er redet mehr.
- Emanuel macht weniger Fehler beim Rechnen.
- Emanuel findet Spielkameraden.
- Die Kinder streiten weniger.

Ändert sich im Laufe von 3 Monaten nur wenig, sollten Sie unbedingt die Hilfe von Fachleuten in Anspruch nehmen.

Drittes Fallbeispiel: Julian

Julian ist 15 Jahre alt und besucht die 8. Klasse der Realschule. Sein Vater ist Geschäftsführer, seine Mutter ist Angestellte und Hausfrau. Julian hat eine jüngere Schwester.

Vorgeschichte

Julian hat seit seiner Einschulung Probleme mit der Rechtschreibung. Dennoch besucht er nach der Grundschule das Gymnasium, weil er in allen Fächern gute und sehr gute Zensuren hat und dafür geeignet ist.

Julians »Karriere« ist lang. Während der Grundschulzeit vergeht kein Jahr ohne Arzt- und Kinderarztbesuche wegen seiner großen motorischen Unruhe. Die Ärzte verschreiben Medikamente, die aber nur wenig helfen; auch eine zeitweise Umstellung auf phosphatarme Ernährung bringt keine positive Veränderung. Um die motorischen Störungen in den Griff zu bekommen, nimmt Julian 5 Jahre lang an ei-

nem Motorik-Training mit einer wöchentlichen Übungs-
stunde teil. In der Schule bekommt er Förderunterricht im
Lesen und Rechtschreiben. Das ändert jedoch nichts an den
Fehlern. Auch die Mutter übt immer zusätzlich Diktate mit
ihm. Die Mutter: »Das Üben war ganz furchtbar. Ich mußte
ihn immer häufiger dazu zwingen.«

Als Julian 13 Jahre alt ist, kann die Mutter ihn nicht mehr
zum zusätzlichen Lernen bewegen. Sein Sozialverhalten wird
im Laufe der gesamten Schulzeit immer schwieriger. Die
Schule rät zu einer Therapie. Julian muß die 7. Klasse wiederholen. Er stört häufig den Unterricht und ist aggressiv.

Die Eltern wenden sich an die regionale Schulberatungsstelle, die wegen Überbelastung nur einige Sitzungen mit
den Eltern und Julian durchführen kann. Hier wird Julian
getestet: Er ist weit überdurchschnittlich intelligent. Dann
wird die Familie zur nächsten Stelle verwiesen.

Die Familie holt sich schließlich Hilfe bei der Erziehungs-
beratungsstelle. Die Behandlung dauert 8 Monate; während
dieser Zeit entspannt sich die Situation etwas. Parallel dazu
besucht Julian 6 Monate lang ein privates Nachhilfeinstitut.
Danach stellen sich die alten Fehler aber nahezu unverän-
dert wieder ein.

Jetzt droht erneut die Nicht-Versetzung in die nächste
Klasse, da Julian inzwischen die Leistung in der Schule verweigert.

Probleme und Symptome

Die Eltern sind maßlos enttäuscht über die Entwicklung des
Sohnes. Julian verprügelt jüngere Schüler, beschimpft die
Lehrer und stört den Unterricht. Die Lehrer bemängeln
seine fehlende Konzentration und die ständige Unruhe. Wegen seiner Gewalttätigkeit und Leistungsverweigerung wird
er von der Schule verwiesen und besucht jetzt eine Realschule.

Zu Hause ist das Leben unerträglich geworden. Der Sohn belügt die Eltern, stiehlt und schreit herum. Die Mutter leidet sehr darunter und hat oft Migräne.

Äußerungen der Beteiligten

Die Mutter: »Wir haben schon so vieles versucht, und dennoch werden die Probleme des Jungen immer größer. Das schlimmste ist, daß man ihm nicht vertrauen kann. Immer dieser Ärger mit den Mitschülern. Ständig rufen Lehrer bei uns an und beschweren sich über Julians Sozialverhalten. Ich bin nach den Anrufen immer am Boden zerstört und habe keine Hoffnung mehr, daß sich die Situation irgendwie ändert. Ich verstehe den Jungen auch nicht. Er begreift nicht, daß er selber etwas leisten muß.«

Der Vater: »Ich bin tief enttäuscht über diese Entwicklung. Ich wollte, er wäre nicht mein Sohn. Ich habe alles für ihn getan, was in meiner Macht steht. In unzähligen Gesprächen mit den Lehrern hole ich wieder und wieder für ihn die Kohlen aus dem Feuer. Ich sage Julian immer, es ist daß letzte Mal, daß ich dir helfe. Die Lehrer zeigen dann auch Verständnis. Und das nächste Mal gehe ich doch wieder zur Klassenkonferenz, setze mich für ihn ein, verteidige ihn bis aufs letzte und streite mich seinetwegen mit dem Direktor. Ich habe alles für ihn getan.

Und ob man mit ihm schimpft, das Taschengeld kürzt oder es im guten mit ihm probiert: es hat alles keinen Sinn. Er ändert sich nicht. Ganz im Gegenteil, es wird alles nur noch schwieriger. Wenn er Scheiben beim Nachbarn eingeworfen hat, habe ich immer dafür geradegestanden und alles bezahlt. Er ist nie von uns im Stich gelassen worden. Er sollte sich auf seine Eltern verlassen können. Ich erwarte ja keine Dankbarkeit, ich möchte doch nur, daß er von sich aus etwas ändert. Wir haben ihm jeden Gefallen getan. Wir haben ihm alle Schwierigkeiten aus dem Weg geräumt, weil wir ihm gute Eltern sein wollten. Aber das ist wahrscheinlich unser größter Fehler gewesen!«

Ein Lehrer: »Eigentlich ist Julian ein intelligenter Schüler. Obwohl er nie aufpaßt, weiß er immer die richtigen Antworten, wenn man ihn aufruft. Und wenn er wollte, könnte er in allen Fächern gute Noten haben.«

> ***Hauptprobleme:***
> *Minderwertigkeitsgefühl*
> *Inkonsequenz*
> *überhöhte Erwartungen*

Ziele und Wünsche der Eltern

In erster Linie soll Julian wieder Selbstvertrauen und eigene Motivation entwickeln.

Er soll einsehen, daß er etwas leisten muß. Sein Sozialverhalten und das Gemeinschaftsgefühl für die Familie sollen wiederhergestellt werden.

Die Problembereiche im einzelnen – Was die Eltern tun können

• Minderwertigkeitsgefühl

Julian ist orientierungslos. Bei der kleinsten Provokation schlägt er zu. Er ist schnell dazu bereit, seine Kräfte zu messen; er sucht nach Grenzen, an denen er sich orientieren kann. Er streitet sich vor allem mit jüngeren Schülern, denn da ist er der Sieger und kann zeigen, was er kann.

Er boykottiert die Leistungsanforderungen der Erwachsenen, die er »nicht mag« (Julian). Die Erwartungen der Eltern orientieren sich an der Erwachsenenwelt. Wenn der Sohn nicht funktioniert und konform geht, wird er abgelehnt (Schimpfen, Ermahnungen, Vorwürfe, Druck, Strafe, Kontrolle). Zuwendung und Anerkennung werden immer wieder an Leistung geknüpft.

Julian ist äußerst sensibel und leicht erregbar. Weil er ständig mit Kritik leben muß, hat er das Gefühl, es keinem recht machen zu können – schon gar nicht den Eltern. Alle

meckern nur an ihm herum. Er ist ja sowieso ein hoffnungsloser Fall. Warum soll er denn noch etwas leisten?

Wenn ein Kind mit ständiger Kritik leben muß, lernt es,
andere zu verurteilen. Das hat Julian besonders gut gelernt.
Er wettert gegen jeden, der ihn kritisiert.

▶ Ratschläge zur Abhilfe

Hören Sie auf, Ihr Kind zu kritisieren! Ignorieren Sie das,
was Ihnen nicht gefällt. Loben und belohnen Sie Ihren Sohn
für positive Verhaltensweisen. Lernen Sie es auszuhalten,
wenn Ihr Sohn sich nicht so verhält, wie Sie es möchten. Ihre Vorwürfe und Ermahnungen ändern die Situation nicht,
sondern machen Ihrer Wut nur kurzfristig Luft. Längerfristig
zerstören Sie dadurch jedoch die Beziehung zu Ihrem Sohn.

Wenn Sie möchten, daß Ihr Kind selbstbewußter wird,
müssen Sie aufhören, ihm ständig zu zeigen, was es falsch
macht. Das weiß es selbst. Zeigen Sie ihm, was richtig ist.

Auch bei einem Fünfzehnjährigen können am besten die
Eltern das Selbstwertgefühl aufbauen. Die Verhaltensweisen
Ihres Kindes sind ein Alarmsignal. Ihr Sohn schreit geradezu
nach Zuwendung und Anerkennung, die er dringend
braucht. Die Situation ist sehr schwierig. Über Jahre haben
sich die Kränkungen auf beiden Seiten angestaut, so daß Sie
nun kein ruhiges Wort mehr miteinander sprechen können.
Sagen Sie besser nichts, wenn Sie das Gefühl haben, dabei
nicht ruhig bleiben zu können. Alles andere führt nur wieder zu Streit und wäre ein weiterer Schlag gegen das Selbstwertgefühl Ihres Sohnes.

Versuchen Sie nicht, Julian davon zu überzeugen, daß er
von sich aus etwas ändern muß. Er will sich ändern, aber er
hat zu viele schlechte Erfahrungen gemacht, die er erst einmal verwinden muß. Zur Zeit ist er nicht in der Lage, Ihre
guten Absichten zu erkennen. Hören Sie deshalb mit gutge-
meinten Ratschlägen auf, Julian kann sie noch nicht annehmen.

- Inkonsequenz

Die Eltern versuchen, ihrem Sohn alles zu geben und alles für ihn zu tun, was in ihrer Macht steht. Sie engagieren sich viel für Julian und räumen ihm viele Schwierigkeiten aus dem Weg. Das alles tun sie mit den besten Absichten und wünschen sich, daß ihr Kind gut zurechtkommt.

▶ Ratschläge zur Abhilfe

Wie soll Julian lernen, wenn Sie versuchen, ihm alle schlechten Erfahrungen zu ersparen? Ein Kind muß mit den Konsequenzen seines eigenen Verhaltens konfrontiert werden, damit es seine eigenen Grenzen und die der anderen spürt. Ihre gutgemeinte Hilfe führt dazu, daß Julian orientierungslos wird. Ihm fehlt die realistische Selbst- und Fremdeinschätzung, die er nur bekommt, wenn er selbst Erfahrungen machen kann.

Seit Jahren machen Sie sich Selbstvorwürfe, weil Sie sich für schuldig am Versagen Ihres Sohnes halten. Diese Schuldgefühle veranlassen Sie immer wieder, Julian vieles durchgehen zu lassen, und ihm Probleme aus dem Weg zu räumen.

Bedenken Sie: Immer wenn Sie Ihrem Sohn etwas abnehmen, was er eigentlich selbst könnte, nehmen Sie ihm die Chance, selbst aktiv zu werden und Erfolg zu haben. Sie wünschen sich doch ganz besonders, daß er selbst etwas ändern soll. Halten Sie sich also zurück.

Machen Sie Konsequenzen vorher klar; hören Sie auf, die Schäden zu finanzieren, die Ihr Sohn anrichtet. Die Konsequenzen seines Verhaltens soll er selber tragen: Er muß dann eben sparen oder in den Ferien jobben.

Überlassen Sie Ihrem Kind seine schulischen Angelegenheiten und der Schule die Konsequenzen für Versäumnisse wie »vergessene« Hausaufgaben usw. Im Extremfall wird Julian eine Klasse wiederholen müssen. Bauen Sie auf Julians Lernfähigkeit. Geben Sie Julian die Chance, die er dringend braucht.

Wenn die Schwierigkeiten und Probleme einen zu großen Stellenwert bekommen, muß Julian ja glauben, er sei ein hoffnungsloser Fall. Wenn Sie selbst keine Hoffnung haben, woher soll er sie nehmen?

Ihr Sohn braucht Ihre Zuwendung mehr, als sie vielleicht glauben. Ihr Blick ist durch Ihre Enttäuschung so sehr getrübt, daß Sie nicht mehr gelassen reagieren können. Nehmen Sie Ihre Gefühle wahr und nehmen Sie sie ernst. Zeigen Sie Julian auch, wo Ihre Grenzen liegen!

• Überhöhte Erwartungen
Julians Eltern sind unzufrieden, weil sie viel für Julian getan haben. Dadurch hat sich kaum etwas zum Positiven geändert. Eher ist das Gegenteil eingetreten. Der Junge belügt seine Eltern, weil er Angst hat, ihren Erwartungen nicht zu entsprechen. Denn ihre Enttäuschung ist das schlimmste für ihn. Nur wenn sie diesen Zusammenhang wirklich begreifen, werden die Eltern ihre Einstellung zu ihrem Kind ändern können.

▶ Ratschläge zur Abhilfe
Enttäuschungen zeigen immer an, daß Ihre Erwartungen zu hoch gewesen sind. Versuchen Sie, sich in Julian hineinzuversetzen. Unterstellen Sie ihm keine schlechten Absichten. Ignorieren Sie es, wenn er Sie belügt. Offenheit und Vertrauen können Sie nicht erzwingen, sondern nur allmählich durch Zutrauen gewinnen. Sorgen Sie dafür, daß sich Julian Ihrer Anerkennung und Zuwendung sicher sein kann, ohne daß er dafür Leistungen erbringt. Nur so kann er Fortschritte machen.

Weil Sie selbst gekränkt sind, legen Sie immer wieder Ihre Hände in die Wunden des Kindes. Lenken Sie Ihre Wahrnehmung auf das, was Sie an ihm gut finden und was er richtig macht.
Durch Ihre überhöhten Erwartungen – er möge selbst erken-

nen, daß er sich verändern muß – überfordern Sie Julian. Sie sehen nicht, daß Ihr Sohn noch ein Kind ist und eben kein Erwachsener. Von Erwachsenen hat Julian bisher vor allem gelernt, daß er ihren Ansprüchen nicht gerecht wird. Das ist für ihn eine Dauerbelastung, die irgendwann zum totalen Versagen führen kann.

Akzeptieren Sie Julian, wie er ist.

Lassen Sie Schule Schule sein, und bemühen Sie sich eher, die Beziehung zu ihrem Sohn zu verbessern, indem Sie nicht mehr mit ihm schimpfen. Julian braucht jetzt besonders viel Vertrauen, Zeit und Geduld. Geben Sie ihm das, was er braucht. Treffen Sie vorher klare, realistische Abmachungen gemeinsam mit Julian, in denen Sie Ihre Erwartungen klar zum Ausdruck bringen. Hält er sich nicht an die Vereinbarungen, muß das Konsequenzen haben. Sprechen Sie mögliche Konsequenzen vorher mit ihm ab.

Mit welchen Schwierigkeiten Julians Eltern rechnen sollten

Julian wird weiterhin Dinge tun, die nicht den Ansichten der Eltern entsprechen wie lügen, stehlen, rauchen, Alkohol trinken. Die Eltern werden so verletzt sein, daß sie die alten Verhaltensmuster nicht ablegen können. Sie werden dann wieder dazu neigen, inkonsequent zu sein, Druck auszuüben und mit Strafen zu drohen.

Wie die Eltern Julians Fortschritte überprüfen können

- Julian geht regelmäßig zur Schule.
- Er ist zuverlässig und hält Absprachen ein.
- Julian bekommt bessere Zensuren.

Sollten Sie und Ihr Kind sich in einer ähnlichen Situation befinden, wie in dem geschilderten Fall, sollten Sie sich umgehend an kompetente Fachleute wenden.

Viertes Fallbeispiel: Hannah

Hannah ist 11 Jahre alt und besucht die 5. Klasse des Gymnasiums. Sie hat einen älteren Bruder. Die Eltern beschreiben sie als hilfsbereit, sehr genau und aufmerksam. Die Mutter ist Lehrerin, der Vater Beamter.

Vorgeschichte

Seit der Einschulung hat Hannah Probleme beim Lesen und Rechtschreiben. In der Grundschule besucht sie zwei Jahre lang den LRS-Förderunterricht – mit mäßigem Erfolg. Die Eltern gehen mit Hannah zur regionalen Schulberatungsstelle, die eine überdurchschnittliche Intelligenz und eine ausgeprägte Lese-Rechtschreibschwäche diagnostiziert. Die Rechtschreibzensierung wird von der Deutschlehrerin ausgesetzt, was aber keinen durchschlagenden Erfolg bringt. Jetzt besucht Hannah das Gymnasium. Der Deutschlehrer nutzt jedoch die Möglichkeiten des LRS-Erlasses nicht.

Probleme und Symptome

Hannah leidet an einer Lese-Rechtschreibschwäche. Sie schreibt nur »nach Gehör« und ist dabei perfektionistisch und extrem langsam. Sie überlegt bei jedem Wort lange. Dabei schreibt sie, »wie man spricht«, z. B. »Ferijen«. Wenn sie sich nicht sicher ist, traut sie sich nur zögerlich, etwas Falsches hinzuschreiben. Das Schreiben dauert sehr lange, sie schreibt fast wie in Zeitlupe. Hannah hat große Angst, Fehler zu machen.

Die Eltern haben gegenüber der Schule und den Lehrern das Gefühl, Hannah werde mit ihren Problemen nicht verstanden. Sie finden, die Lehrer seien nicht genug über Legasthenie und die Erlaßlage informiert. Die Lehrer wehren sich gegen diese Vorwürfe, es kommt zu Unstimmigkeiten, die für Hannah eine Konfliktsituation bedeuten, weil sie in der Schule »zwischen den Stühlen sitzt«, wenn sie einerseits

zu den Eltern hält, aber andererseits die Lehrer ernst nehmen soll.

Äußerungen der Beteiligten

Die Mutter: »Es ist schade, daß Hannah nicht richtig lesen
kann. Sie ist im Grunde an Büchern sehr interessiert. Ich sage ihr immer: Nun schreib doch einfach drauflos! Aber das
macht sie nicht. Ich habe das Gefühl, daß sie dann noch
langsamer wird. Weil sie so langsam schreibt, kommt sie bei
den Diktaten in der Schule nicht mit. Deshalb macht sie
viele Fehler. Zu Hause üben wir täglich eine halbe Stunde
zusätzlich. Aber wir schaffen dann kaum etwas; Hannah
braucht immer ewig lange.«

Der Vater: »Die Schule geht nicht auf Hannahs Probleme
ein. Die Lehrerin hat kein Verständnis dafür. Seit Jahren haben wir der Lehrerin, die Hannah vier Jahre lang in der
Grundschule unterrichtet hat, von den Schwierigkeiten erzählt. Die Lehrerin hat immer gesagt: ›Das kommt schon.
Legasthenie wächst sich aus.‹ Das stimmt ja nicht; wir haben
viel Zeit vertan und uns hinhalten lassen. Die Lehrer auf
dem Gymnasium haben noch weniger Verständnis für Hannahs Handicap. Manche haben gar keine Ahnung davon,
und wir Eltern müssen die Lehrer aufklären.«

Der Klassenlehrer: »Hannahs Eltern sind zu leistungs-
orientiert. Sie wollen, daß ihr Kind mehr kann, als in seinen
Möglichkeiten liegt. Sie sind insgesamt zu betulich mit ihrem Kind.«

Hannah: »Ich gehe gern zur Schule. Außer Lesen und
Schreiben kann ich alles gut. Ich will gerne Lesen und
Schreiben genausogut können wie alles andere.«

Ziele und Wünsche der Eltern

Hannah soll erreichen, was sie möchte. Sie soll so gut schreiben und lesen lernen, daß sie in der Schule besser mitkommt und es ihr Spaß macht, Bücher zu lesen.

Die Problembereiche im einzelnen – Was die Eltern tun können

• Ärger mit den Lehrern

Die Eltern machen z. B. dem Lehrer Vorwürfe, daß er Hannah nicht genug lobt. Der Lehrer versucht sich zu rechtfertigen. Er findet, daß es bei Hannah wenig Anlaß zum Loben gibt. Er meint, daß Hannahs Eltern ihr Kind überbehüten und einfach nicht akzeptieren wollen, daß sie es nicht besser kann.

▶ Ratschläge zur Abhilfe

Es ist jetzt nicht mehr zu ändern, daß Hannahs Schwierigkeiten nicht früher erkannt und behandelt worden sind. Reden Sie also nicht mehr darüber. Der aktuelle Konflikt zwischen Ihnen und dem Lehrer hilft Hannah nicht. Insbesondere die gegenseitigen Vorwürfe verunsichern Ihre Tochter. Sorgen Sie deshalb für ein konfliktfreies Verhältnis zum Lehrer; unterstellen Sie ihm nicht, er wolle Hannah nicht helfen. Auch er muß sich erst mit dem Problem vertraut machen. Oft sind Lehrer nicht dazu ausgebildet, mit lern- und leistungsgestörten Kindern umzugehen. Versuchen Sie also, aus der Situation das Beste zu machen.

Wichtig ist, daß Sie mit dem Lehrer an einem Strang ziehen und eine gemeinsame Basis schaffen. Setzen Sie sich noch einmal mit der Schulberatungsstelle in Verbindung, damit sie dem Lehrer die Testergebnisse und sachliche Informationen zur Verfügung stellt. Bitten Sie den Lehrer darum, die Rechtschreibzensierung auszusetzen. Diese Möglichkeit sieht der Erlaß ausdrücklich vor. Dadurch wird der Leistungsdruck für Hannah gemildert, und ihre Angst vor Fehlern wird geringer werden. Bitten Sie den Lehrer um seine Mithilfe, und trauen Sie ihm guten Willen zu.

• Angst vor Fehlern

Hannahs Unsicherheit zeigt sich vor allem darin, daß sie beim Lesen und Schreiben so langsam ist. Da man nicht immer hören kann, wie ein Wort geschrieben wird, muß man es wissen. Genau das ist für Hannah besonders schwierig. Sie ist nicht in der Lage, sich das Schriftbild eines Wortes einzuprägen und im richtigen Moment abzurufen.

Die Mutter möchte, daß Hannah schneller schreibt. Sie übt deshalb zusätzlich mit der Tochter. Doch Hannah scheint eher langsamer zu werden und noch mehr Fehler zu machen.

▶ Ratschläge zur Abhilfe

Sie verunsichern Hannah, weil Sie ihr Schreibtempo steigern wollen. Hannah merkt, daß sie Ihren Anforderungen nicht genügt und wird dadurch noch unsicherer. Sie braucht beim Schreiben noch länger und ist überfordert.

Jeder Mensch hat sein eigenes Tempo. Natürlich haben Sie recht: Hannah muß lernen, schneller zu schreiben, wenn sie im Diktat mitkommen will. Sie erreichen das aber nicht, indem Sie Ihr Kind antreiben. Hannah muß ihren eigenen Rhythmus finden. Das kann sie erst dann, wenn sie sicherer wird. Sicherheit erreicht Hannah erst, wenn sie weniger Angst vor Fehlern hat.

Der eigentliche Schreibprozeß geht bei Hannah nicht zu langsam, sondern zu schnell. Hören Sie deshalb mit dem zusätzlichen Üben auf! Das Üben setzt Hannah unter Druck und bringt nicht den gewünschten Erfolg. Hannah spürt Ihre Enttäuschung und ist dadurch noch stärker gehemmt. Wenn Hannah von Ihnen keine Ratschläge mehr bekommt, wird sie selbst einen Weg suchen und z. B. den Lehrer fragen. Lassen Sie Hannah bei den Hausaufgaben alleine arbeiten.

Die Behandlung von Hannahs Lernstörung erfordert die Hilfe von Fachleuten.

• Fehlende Lerntechniken
Im Diktat macht Hannah viele Fehler.

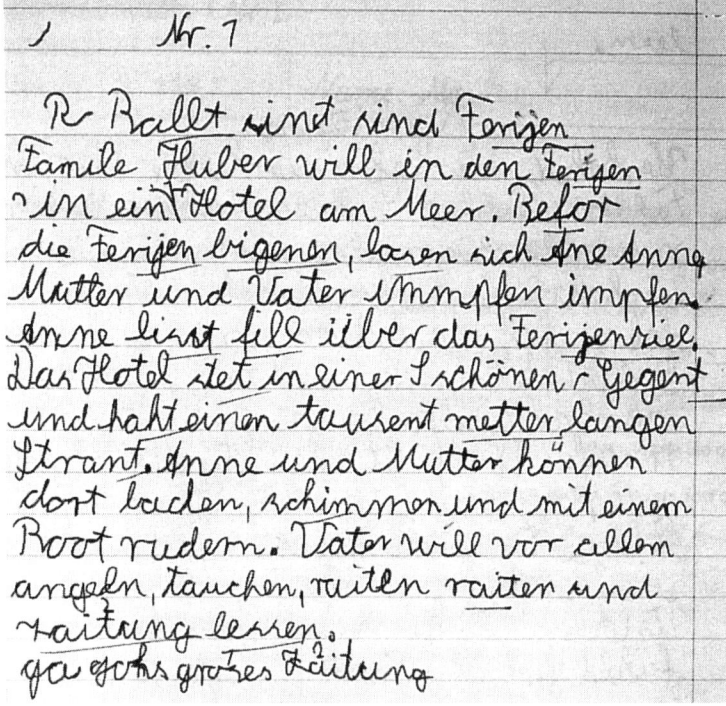

Wenn man sich das Diktat genauer anschaut, sieht man, daß Hannah einige Worte zweimal schreibt: »Bald«, »sind«, »Anne«, »impfen«. Sie braucht dafür mehr Zeit, als wenn sie alles nur einmal schreiben würde. Dieser Fehler hat verschiedene Ursachen. Zunächst schreibt Hannah das Wort so, wie sie es spricht: »Ballt«. Jeder hört den »t«-Laut am Ende, also schreibt Hannah ein »t«. Wenn die deutsche Sprache lauttreu[12] wäre, hätte sie die richtige Endung geschrieben. Andererseits gibt Hannah sich sehr viel Mühe, sich die Worte vorzusprechen. Sie betreibt sogar eine regelrechte Lautanalyse: Sie spricht sich das Wort beim Schreiben nicht nur einmal, sondern sogar drei-, vier- fünfmal vor. Das braucht natürlich Zeit. Wir bleiben beim Beispiel »Ballt«. Wie man im Text sieht, beginnt Hannah mit einem »R«. Sie hat aber gleich das Gefühl, daß das »komisch aussieht«. Sie spricht sich das Wort erneut vor. Der erste Teil von »bald« klingt wie »Ball«. Das ist ein Wort, das Hannah genau kennt, also schreibt Hannah zwei »l«. Dann spricht sie sich das Wort noch einmal vor und hört am Ende sicher ein »t«, das sie dann auch hinschreibt. So geht es mit den anderen Worten weiter. Schon beim »s« von »sind« ist Hannah wieder verunsichert und schreibt den Buchstaben noch einmal nach. Das »t« am Ende sieht dann aber wieder »komisch« aus, und Hannah schreibt das Wort noch einmal richtig dahinter: So sieht es besser aus. Inzwischen entscheidet Hannah manchmal auch nach dem Wortbild, was für sie der richtige Weg ist, um ihre Rechtschreibschwierigkeiten zu überwinden.

Hannah leidet stark unter Ähnlichkeitshemmungen. Das richtig geschriebene Wort sieht ihren falsch geschriebenen Wörtern sehr ähnlich. Hannah hat ein besonders gutes Gedächtnis. Sie behält für viele Worte nicht nur die richtige, sondern auch verschiedene falsche Schreibweisen. Wenn sie eines dieser Worte aus ihrem Gedächtnis abruft, meldet ihr Gehirn nicht nur eine, sondern drei oder vier Schreibweisen. Wie soll sie sich entscheiden? Und gerade beim Diktat muß

---

12 Siehe dazu Kapitel 1

es doch immer ganz schnell gehen. Sie hat keine Zeit, lange zu überlegen, und ist gestreßt.

▶ Ratschläge zur Abhilfe

Hannah fehlen noch die Lernstrategien für einen erfolgreichen Lese- und Schreibvorgang. Bevor Hannah ein Wort schreibt, soll sie sich entscheiden, ob sie sicher weiß, wie es geschrieben wird. Wenn ja, spricht sie sich das Wort langsam so vor, daß sie jeden einzelnen Laut lautiert und immer das schreibt, was sie sich gerade richtig vorspricht. Das nennt man Pilotsprache[13]. Wenn sie nicht sicher weiß, wie das Wort aussieht, läßt sie eine Lücke und schreibt erst den übrigen Text. Nachdem Hannah mit den Aufgaben fertig ist, sollten Sie ihr vorsagen oder besser vorschreiben, wie die fehlenden Worte aussehen, und Hannah kann die Lücken ausfüllen.

Wenn Hannah Fragen stellt, antworten Sie, und lassen Sie sie keinesfalls raten, wie ein Wort geschrieben wird. Richtig vorschreiben ist am sinnvollsten, damit sich die richtige Schreibweise einprägt. Wortreiche Erläuterungen über die richtige Schreibweise sind eher hinderlich.

Ähnlichkeitshemmungen (s. o.) sollten bei Hannah unbedingt vermieden werden. Sie sollte deshalb so wenig falsch geschriebene Wörter wie möglich sehen, um sich die Fehler nicht einzuprägen. Vereinbaren Sie mit dem Lehrer, daß sie bei Berichtigungen keine Abschrift macht, sondern nur die Wörter berichtigt, die sie falsch geschrieben hat. Sie sollten auch dabei Hannah die Wörter richtig vorschreiben, und Hannah schreibt sie dann ab. Wenn sie wie bei Diktaten die angestrichenen oder unterstrichenen falsch geschriebenen Wörter sieht, prägen sich die Fehler besonders gut ein, und die nächste Ähnlichkeitshemmung ist vorprogrammiert.

---

13 Dieter Betz, in: Breuninger/Betz: Jedes Kind kann schreiben lernen. S. 53f.

Für Hannah ist es hilfreich, mit der Lernkartei[14] zu arbeiten. Damit sie selbständig arbeiten kann, sollte sie zum Diktieren einen Kassettenrekorder verwenden: Hannah spricht zum Beispiel vorher alle Wörter aus dem ersten Fach der Lernkartei der Reihe nach auf das Band. Dann schreibt sie alle Wörter, von denen sie genau weiß, wie sie geschrieben werden. Wenn sie nicht sicher ist, kann sie sich das Kärtchen ansehen, wieder weglegen und erst dann das Wort schreiben.

Mit welchen Schwierigkeiten die Eltern rechnen sollten

Hannah braucht viel Zeit. Die Geduld der Eltern wird auf die Probe gestellt. Der Lehrer ist durch den langen Konflikt und die gegenseitigen Vorwürfe gekränkt und möglicherweise nicht mehr bereit, die Rechtschreibzensierung auszusetzen.

Wie die Eltern Hannahs Fortschritte überprüfen können

- Hannah lernt allmählich, schneller zu schreiben.
- Sie macht weniger Fehler. Hannah bekommt Spaß daran, Bücher zu lesen.

Hannahs starke Lese-Rechtschreibstörung sollte von Fachleuten behandelt werden, wenn die Fehler nicht innerhalb von 3 Monaten sichtlich weniger werden.

---

14 Die Lernkartei wird im 3. Kapitel vorgestellt und näher erläutert.

Kapitel 3:
Was können Eltern tun?

Den gestörten Lernprozeß erkennen

Anzeichen einer Lernstörung können sein:
• Das Kind macht über Wochen und Monate viele Fehler.
• Die Eltern erkennen, daß sie nicht mehr gelassen und geduldig auf die Fehler des Kindes reagieren.[15]

Die angemessene Einstellung zum Kind – die wichtigste Voraussetzung fürs Lernen und Üben
Grundsätzlich gilt: Nur durch Vertrauen kann man Sicherheit schaffen. Enttäuschungen zeigen an, daß die Erwartungen zu hoch gewesen sind.

Das Zauberwort in der Erziehung heißt Konsequenz. Erfahrungsgemäß wird Konsequenz aber oft mit Druck, Kontrolle und Strafe verwechselt.

Konsequent sein heißt aber, daß dem Kind bereits vor seinem Handeln klar ist, was passiert, wenn es sich nicht an die Regeln hält.

Falsch verstandene Freizügigkeit in der Erziehung führt zu einer Orientierungslosigkeit bei Kindern und Jugendlichen. Wenn für Fehlverhalten und Ausbrüche andere verantwortlich gemacht werden, kann eigenverantwortliches Verhalten nicht erlernt werden. Dieses ist aber eine wichtige Voraussetzung für erfolgreiches Lernen.

---

15 vgl. dazu auch die Einführung zum 2. Kapitel und die Fallbeispiele

Auch und gerade ein Kind muß mit den Konsequenzen des eigenen Verhaltens konfrontiert werden. Wenn es um schulische Belange wie Hausaufgaben und Klassenarbeiten geht, sollten Konsequenzen von vornherein klar sein. Eventuelle Sanktionen sollten in diesem Fall logischerweise auch von der Schule ausgehen und nicht von den Eltern. Wenn nötig, sollten Eltern darüber mit den Lehrern Vereinbarungen treffen. So kann ein Kind lernen, für sein eigenes Verhalten die Verantwortung zu übernehmen. Nur so kann es auch Leistungen und Erfolge als Ergebnis seines eigenen Handelns erleben.

Realistische Erwartungen
Die Erwartungen an die Leistungen und Konzentrationsfähigkeit von Kindern sollten realistisch sein, um Enttäuschungen vorzubeugen. Die folgende Tabelle[16] gibt Anhaltswerte, die natürlich von Kind zu Kind und je nach »Tagesform« abweichen können:

Alter	Konzentrationsfähigkeit in Minuten
5 – 7	bis zu 15
7 – 10	bis zu 20
10 – 14	bis zu 25
ab 14	bis zu 30

Kinder lernen anders als Erwachsene, sie lernen weniger abstrakt und brauchen mehr Abwechslung und Pausen beim Arbeiten. Daher sind realistische Erwartungen besonders wichtig. Überforderung führt zu Frustration und tötet die Lernfreude.

Üben – aber sinnvoll!
Unsere Wahrnehmung gebraucht alle unsere Sinne. Am besten lernt man, wenn man möglichst viele Sinne beim Lernen benutzt. Wenn man positive Lernbedingungen herstel-

---

16 aus Eisert/Eisert 1988, S. 19

len will, sollte man diese Grundregel beachten. Die Lernpsychologie hat herausgefunden,

- daß wir 10% von dem behalten, was wir lesen
- daß wir 20% von dem behalten, was wir hören
- daß wir 30% von dem behalten, was wir sehen
- daß wir 50% von dem behalten, was wir hören und sehen
- daß wir 70% von dem behalten, worüber wir selbst sprechen
- daß wir 90% von dem behalten, was wir selbst ausprobieren und durchführen.

Besonders gut wird das gelernt, womit man angenehme Gedanken oder ein Erfolgserlebnis verbindet. Negative Assoziationen und Streß wirken dagegen nachgewiesenermaßen lernhemmend.[17]

Positive Lernbedingungen

Arbeitsplatzgestaltung

Der Arbeitsplatz soll schön sein und dem Kind Möglichkeiten geben, ihn individuell zu gestalten; so erhöhen die Eltern die Lernfreude des Kindes.

Das Kind sollte einen festen Arbeitsplatz haben, den es nach Möglichkeit nur alleine benutzt.

Gerade bei lern- und leistungsgestörten Kindern ist Ruhe am Arbeitsplatz besonders wichtig, weil diese Kinder leicht ablenkbar sind. Von Musik beim Lernen und Arbeiten ist daher dringend abzuraten.[18]

17 Vester F.: Denken, Lernen, Vergessen. dtv Taschenbuch, Deutsche Verlags Anstalt, Stuttgart 1978
18 Bestimmte Musik kann zur Entspannung und zu besseren Lernerfolgen führen, wie die »Superlearning«-Methode des Bulgaren Lozanov gezeigt hat. Meistens handelt es sich dabei um langsame Barock-Musik von Vivaldi, Händel, Bach, Corelli, Telemann u. a. Allerdings erzielt nicht jeder Mensch mit dieser Methode Lernerfolge. (s. Ostrander/Schroeder 1980)

Für Kinder, die sich leicht ablenken lassen, ist es sinnvoll, den Schreibtisch so aufzustellen, daß man nicht direkt auf die Straße oder einen Spielplatz sehen kann.

Gute Beleuchtung ist entscheidend für ermüdungsfreies Arbeiten. Tageslicht sollte bei Rechtshändern von vorne und links, bei Linkshändern von vorne und rechts kommen, damit sich die Kinder nicht beim Schreiben Schatten auf das Blatt werfen. Auch Lampen sollten der Schreibhand gegenüber angebracht werden, dabei sind schwenkbare Leuchten besonders zu empfehlen. Der Abstand der Lampe von der Arbeitsfläche muß mindestens 30 cm betragen, damit es nicht blendet. Bedenken Sie, daß schlechte Beleuchtung nicht nur zu Sehschäden, sondern auch zu tränenden Augen und Kopfschmerzen führen kann.

Frische Luft, Raumtemperatur, Düfte

Frische, sauerstoffreiche Luft erleichtert das Lernen und fördert die Konzentration. Deshalb häufig zwischendurch lüften. Eine Raumtemperatur von 20 – 21 Grad C ist in der Regel ausreichend. Vermeiden Sie es, den Arbeitsplatz direkt an der Heizung einzurichten.

Wenn die Heizungsluft im Winter trocken und staubig ist, leidet das Wohlbefinden, und die Lernleistung wird beeinträchtigt. Nasse Tücher auf der Heizung können Abhilfe schaffen. Einige Tropfen ätherischer Öle, die Sie in jeder Apotheke bekommen können, bekämpfen dabei zusätzlich Bakterien und sorgen durch angenehme Düfte für positive Gefühle beim Lernen. Folgende Wirkungen werden den verschiedenen Ölen zugeschrieben:

- Orange: Strahlt Heiterkeit und Wärme aus; beliebt bei Kindern.
- Zitrone: wirkt konzentrationsfördernd und erfrischend; hat keimtötende Eigenschaften; bekämpft geistige und körperliche Trägheit.
- Lavendel: beruhigt; wirkt vorbeugend gegen Grippe.

- Zimt: bekämpft Verspannung und Angst; fördert die Kreativität.
- Vanille: beruhigt und besänftigt; gegen Ärger und Reizbarkeit.
- Mandarine: erheiternd, inspirierend, aufbauend; beliebt bei Kindern.
- Pampelmuse: erfrischend; stimuliert das Gehirn; fördert Lebenslust und Selbstvertrauen.

Probieren Sie aus, was Ihnen und Ihrem Kind am besten gefällt!

Körper- und Schreibhaltung

Eine entspannte Sitz- und Schreibhaltung fördert Konzentration und Lernfreude und beugt der Ermüdung vor. Folgende Punkte sollten Sie beachten:

- Die Tischplatte sollte mindestens 60 cm × 100 cm groß sein.
- Die Oberschenkel sollten beim Sitzen fast waagerecht verlaufen und nicht an die Tischplatte stoßen.
- Die Unterschenkel sollten senkrecht stehen und die Kniekehlen die Stuhlkante nicht berühren, dabei sollten die Füße flach auf dem Boden stehen.
- Die Stuhllehne sollte bis unter die Schulterblätter reichen und den Rücken gut abstützen.
- Die Arme liegen mit den Ellbogen auf Tischplattenhöhe oder etwas darunter.
- Wünschenswert ist eine leichte Neigung der Tischplatte um 15–20 Grad, weil dann ein konstanter Blickwinkel beim Lesen und Schreiben erreicht wird.

Eva zeigt auf diesem Foto, wie's geht: die richtige Körperhaltung beim Schreiben.

Anhaltswerte für Tisch- und Stuhlhöhen gibt die folgende Tabelle[19]:

Körpergröße	Tischhöhe	Stuhlhöhe
113 – 127	52	30
128 – 142	58	34
143 – 157	64	38
158 – 173	70	42
173 – 187	79	46

(alle Angaben in cm)[20]

Achten Sie von Beginn an auf die richtige Mal- und Schreibhaltung. Schon vor Beginn der Schulzeit lernen Kinder bestimmte Bewegungsabläufe (sogenanntes motorisches Lernen), die später kaum oder gar nicht mehr zu korrigieren sind. Der Richtwert für die Lage des Blattes oder Heftes ist für Rechtshänder 30 Grad nach links, für Linkshänder 30 Grad nach rechts geneigt. Das Blatt oder Heft soll dabei leicht nach rechts von der Mittellinie (für Rechtshänder) bzw. nach links von der Mittellinie (für Linkshänder) verschoben werden. Die Mittellinie wird durch die Linie durch Wirbelsäule und Nase des Kindes festgelegt. Von dieser Linie sollten beim Schreiben weder Kopf noch Körper abweichen. Die Schreibhand stützt sich auf die Seitenfläche des Kleinfingerballens.

Die Position des Heftes auf dem Schreibtisch wird auch durch die sogenannte Augendominanz beeinflußt. Je nachdem, ob das Kind vorwiegend mit dem rechten oder linken Auge fixiert, wird es das Blatt entsprechend verschieben. Am besten ist die Position, die sich für das Kind »gut anfühlt«.

---

19 vgl. Berquet 1988, S. 28f.
20 Wenn Sie sich ausführlicher über Schülerschreibtische informieren möchten: »Stiftung Warentest«, Testheft 10/1986, S. 58–67

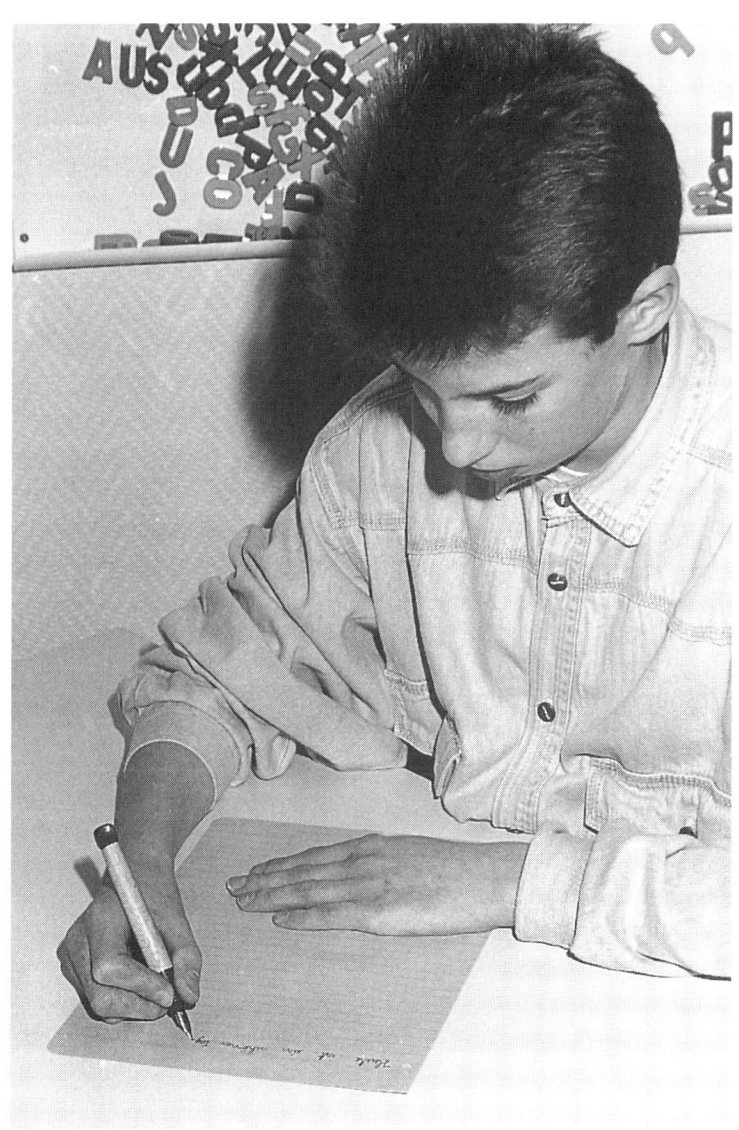

Die richtige Stift- und Schreibhaltung demonstriert hier Björn. Man beachte, daß das Blatt um ca. 30 Grad gedreht ist und damit der Linie des Unterarmes der Schreibhand folgt.

Insgesamt ist eine lockere, entkrampfte Hand-, Arm- und Körperhaltung am günstigsten. Wenn Kinder nicht von Anfang an die richtige Haltung beim Schreiben erlernen, kann es zu verkrampften Handstellungen kommen: z. B. zum hakenförmigen Schreiben »von oben« über der Zeile oder zu einer Haltung, in der der Arm krampfhaft an den Körper gedrückt und gegen den Körper geschrieben wird (s. Abbildung S. 69). Unlust, Schmerzen und Muskelverspannungen bei längerem Schreiben sind die Folge. Wenn das Kind einmal eine falsche Haltung erlernt hat, ist es kaum noch zu korrigieren. Belassen Sie es dann bei der falschen Schreibhaltung, und machen Sie es nicht mehr zum Thema!

Bei Linkshändern ist ziehendes und stoßendes Schreiben möglich, bei Rechtshändern nur ziehendes Schreiben sinnvoll.

Der Stift oder Füller wird ca. 2,5–3,5 cm oberhalb der Spitze locker umfaßt. Das hintere Ende des Schreibgerätes zeigt dabei auf die Schulter des Schreibarmes.

Wenn die Schreibschulter beim Schreiben hochgezogen und der Ellbogen zur Seite verschoben wird, verkrümmt sich die Wirbelsäule zur Seite, der Körper gerät aus dem Gleichgewicht, und es kommt wiederum zu Muskelverspannungen.

Man kann an dieser Stelle vielleicht einwenden, es sei nicht erforderlich, so genaue und enge Regeln für die Schreib- und Körperhaltung aufzustellen. In der Tat wird es häufig so sein, daß ein Kind von sich aus eine Position findet, in der es längere Zeit ohne Mühe schreiben und lesen kann. Gerade lerngestörten Kindern fällt dies aber besonders schwer, da sie sich beim Lernen ohnehin nicht wohl fühlen.

Ordnung: Chaos außen – Chaos innen

Um es gleich ganz deutlich zu sagen: Ordnung ist kein Wert an sich. Es ist unsinnig, ein Kind nur um der Ordnung willen zum Aufräumen zu zwingen. Aber: Ordnung ist eine wichtige Voraussetzung für optimales Lernen. Man spart

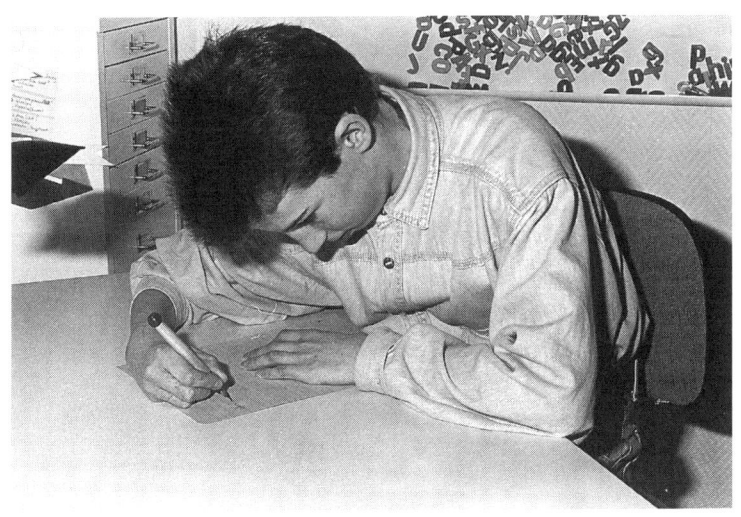

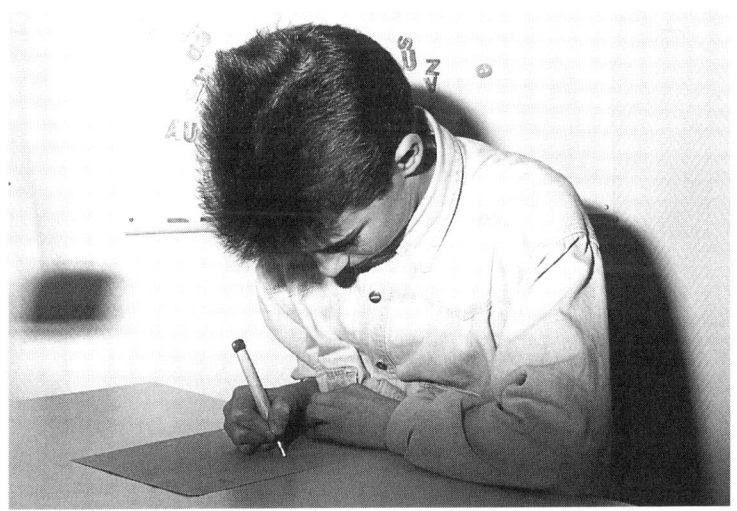

*Björn zeigt hier zwei typische falsche Schreibhaltungen, die zu
Verkrampfung führen: das Schreiben »von oben« (oberes Bild)
und das Schreiben mit an den Körper gepreßtem Schreibarm
(unteres Bild).*

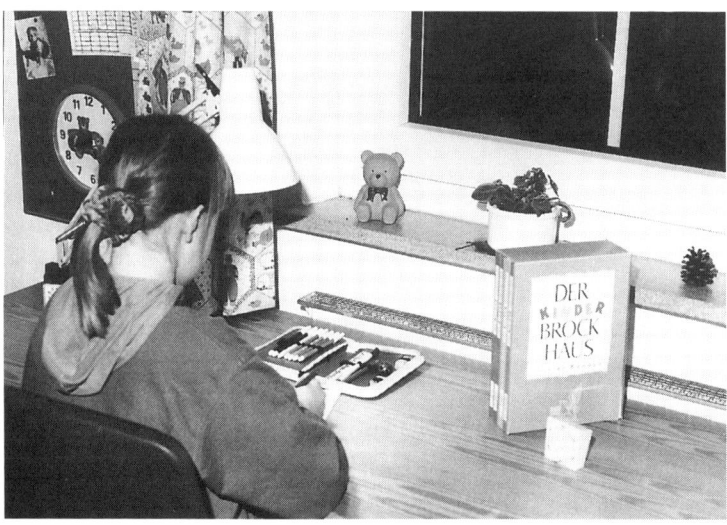

Ordnung schafft Übersicht: Julias Arbeitsplatz vor und nach dem Aufräumen.

nicht nur Zeit, sondern man wird auch weniger abgelenkt und kann sich in einer geordneten Umgebung besser konzentrieren. Wie soll ein Kind an seinem Arbeitsplatz klare und strukturierte Gedanken fassen können, wenn dieser ungeordnet und chaotisch ist?

Versuchen Sie, Ihrem Kind klarzumachen, daß Ordnung beim Lernen hilfreich ist. Machen Sie ruhig einmal ein Experiment mit Ihrem Kind: Lassen Sie es z. B. das Lineal suchen. Lassen Sie das Kind vorher schätzen, wie lange es dazu brauchen wird, und stoppen Sie dann die Zeit mit einer Uhr. Versprechen Sie eine Belohnung, wenn das Ziel in der geschätzten Zeit erreicht wird. So kann auch ein Kind erleben, wie sich Ordnung und Unordnung auswirken. Ordnung ist und bleibt ein Mittel zum Zweck, nicht mehr und nicht weniger. Man sollte seinem Kind daher auch Bereiche lassen, in denen es unordentlich sein darf und Gelegenheit hat, seine eigene Ordnung zu finden.

Schultasche

Schwere Schultaschen sind eine Last für Ihr Kind und enthalten meistens viel Überflüssiges. Das Kind sollte nur das mitnehmen, was es am nächsten Tag wirklich braucht. Es gibt Kinder, die immer alles mitschleppen, weil sie Angst haben, etwas zu vergessen. Der Schulranzen sollte nicht mehr als 10% des Körpergewichtes des Kindes wiegen. Helfen Sie Ihrem Kind, die Tasche aufzuräumen. Lassen Sie Ihr Kind nach den Hausaufgaben die Tasche für den nächsten Tag vollständig packen und z.B. Turnzeug und Bastelmaterial bereitlegen. Falls Ihr Kind etwas vergißt, bringen Sie es ihm nicht nach. Ein Kind muß lernen, für seine Sachen selbst zu sorgen.

Arbeitszeit

Grundsätzlich sollte ein Kind den Zeitraum, in dem es seine Aufgaben erledigt, selbst bestimmen können. Meistens wird es eine feste Zeitspanne im Laufe des Nachmittags sein. Ungünstig ist es, spät abends oder morgens vor der Schule Hausaufgaben zu machen. Wenn die Aufgaben unmittelbar nach dem Mittagessen gemacht werden, sollte die Mittagsmahlzeit nicht zu schwer sein.

Schlaf

Genügend Schlaf ist eine wichtige Voraussetzung für erfolgreiches Lernen. Während Erwachsene mit 7–8 oder weniger Stunden Schlaf auskommen, benötigen Jugendliche wesentlich längere Schlafzeiten. Ein Fernseher gehört grundsätzlich nicht in das Kinderzimmer!

Die folgenden Zahlen[21] sind grobe Richtwerte, die individuell schwanken können:

Alter	Schlafbedarf in Stunden
6 – 8	11 – 12
8 – 10	10 – 11
10 – 12	9,5 – 10
12 – 14	9 – 9,5
ab 14	ca. 9

Lernmittel

Ansprechendes Lernmaterial

Die Gegenstände, die das Kind beim Lernen jeden Tag benutzt, sollten ihm gefallen, sollten handlich sein und keine gesundheitsgefährdenden Stoffe enthalten. Was man häufig in der Hand hat, sollte sich gut anfühlen. Das gilt nicht nur für die typischen Utensilien der Erstkläßler wie Stifte, Lineal, Füller, Radiergummis, Anspitzer, Federmappen, etc. sondern auch für die Materialien der älteren Schüler wie Lexika, Taschenrechner usw. Nicht nur aus ökologischen Gründen ist

---

21 aus: Kohler, B.: Elternratgeber Hausaufgaben, 1991, S. 34

es vorteilhaft, soweit möglich, nach Gegenständen aus Naturmaterialien (Holz, Leder) zu suchen.

Stifthalter
Für Kinder mit einer stark verkrampften Stifthaltung gibt es Stifthalter in verschiedenen Größen (s. Abbildung S. 74), die sich auf unterschiedlich dicke Füller, Bunt-, Blei- und Filzstifte aufstecken lassen. Diese nützlichen Helfer sind in allen Sanitätshäusern erhältlich.

Lern- und Spielmaterial
Die grundlegenden »Prozesse für aufgabenbezogene Leistungen« wurden anhand einer Liste nach OERTER bereits zu Anfang des 2. Kapitels vorgestellt. Dabei handelt es sich um Leistungen aus dem Bereich der Wahrnehmungen (Sehen, Hören, Riechen, Schmecken usw.), um Bewegungsleistungen (Grob- und Feinmotorik) und um allgemeine Leistungen (Sprachverständnis, Sprachmotorik, Artikulation, Gedächtnis usw.), die insgesamt die Voraussetzung für erfolgreiches Lernen in der Schule bilden. Die Förderung dieser grundlegenden Leistungen ist besonders gut spielerisch möglich.

Die nachfolgende Liste ist nach den grundlegenden Leistungsbereichen geordnet und gibt einen ausführlichen Überblick über Spiel- und Lernmaterialien aller Art.

Liste von Spielen und Materialien
Optische Wahrnehmung und Orientierung
- Schau genau, Ravensburger Spiele, Ravensburger Verlag
- Memory Spiele aller Art
- Lesememory, Ravensburger Verlag (jeder spricht laut und langsam mit, was er aufgedeckt hat)
- Deutschlandmemory, Ravensburger Verlag
- Contakt, Ravensburger Verlag
- Differix, Ravensburger Verlag
- LÜK – Kästen und mini LÜK, Vogel Verlag, Braunschweig

*Marc hat's: die praktischen Stifthalter für Kinder mit verkrampf-
ter Stifthaltung.*

- Jahreszeitenlotto, Ravensburger Verlag
- Scotland Yard, Ravensburger Verlag
- Das verrückte Labyrinth, Ravensburger Verlag

Hören und akustische Differenzierung
- Hör was ist das?, Ravensburger Verlag
- Tausend Namen von A bis Z, Ravensburger Verlag
- Sprechlernspiele, Ravensburger Verlag
- ABC Spiele (Selbstkontrolle), Ravensburger Verlag
- Wortspiele
- Tonkassetten
- Musikinstrumente

Riechen und Schmecken
- Gegenstände aus der Natur
- Blumen, Gemüse, Obst, Kräuter aus dem Garten
- Duftöle
- Buchstabenplätzchen backen

Fühlen, Greifen, Tasten
- Fühl-Domino
- Blinde-Kuh, Ravensburger Verlag
- Angelspiele
- Gegenstände aus der Natur
- Buchstaben aus Sandpapier, Holz usw.
- Knete
- Ton

Grob- und Feinmotorik
- Spiele mit rhythmischer Bewegungsfolge, z. B. Tanzen, Abzählen
- Musik und Bewegung
- Fingerspiele
- Fadenspiele
- Gummitwist

- Sport, Kunst, Werken
- Labyrinthspiele mit Kugeln auf beweglichen Holzplatten
- Geschicklichkeitsspiele
- Packesel

Gleichgewicht
- Schaukel, Klettergerüst, Seilchen, Ringe, Trampolin, Hängematte
- Balancieren, Stehen und Hüpfen auf einem Bein
- Rollschuh, Pedalo, Rollbrett, Skateboard, Inliner
- Reiten
- Hinkelspiele

Sprechmotorik und Artikulation
- Kasperltheater, Handpuppen
- Sprechen auf Tonband
- Zungenbrecher
- Lieder, Gedichte, Theater
- Spiegel für Artikulationsübungen (einer macht etwas vor, der andere macht es nach und umgekehrt)

Gedächtnis
- alle Arten von Gedächtnisspielen wie Stille Post, Stille Post mit Gegenständen, die herumgegeben werden, Kofferpacken
- Sagaland, Ravensburger Verlag
- Schatz der Inka, Ravensburger Verlag
- Kartenspiele
- Lieder und Gedichte
- Denksportaufgaben
- Rätsel und Quiz

Aufmerksamkeit, Konzentration, Ausdauer
- das »innere Sprechen« einüben (Selbstinstruktion)
- Geschichten hören und erzählen

- Geschicklichkeits- und Konzentrationsspiele wie Eierlaufen, Sackhüpfen etc.
- Zwei- und dreidimensionale Puzzle
- Vexiere
- Suchbilder
- Entspannungsübungen
- Tonkassetten
- Gedichte oder Witze auswendig lernen
- Rätsel
- Rätselspiele
- Vier gewinnt, Milton-Bradley Spiele, Fürth
- Koffer packen, Ravensburger Verlag
- Cafe International, Mattel Spiele, Dreieich
- Um Reifenbreite, Jumbo

Sprachverständnis, Sprachwissen, Kommunikation
- Dudenkönig, Ravensburger Verlag (ab 4. Klasse)
- Scrabble und Junior Scrabble, Spear-Spiele, Nürnberg
- Würfelwörter, Spear-Spiele, Nürnberg
- Wir lesen!, Ravensburger Verlag
- Denk fix!, Spear-Spiele, Nürnberg
- Würfelspiele zur Rechtschreibung, Neuer Finken Verlag, Oberursel

Wortschatz und Begriffsbildung
- Koffer packen, Ravensburger Verlag
- Kontrast, Ravensburger Verlag (Selbstkontrolle möglich)
- Wörterschlange, Ravensburger Verlag
- Wörterdomino, Ravensburger Verlag
- Wörter sind nur halb so schlimm, Ravensburger Verlag (enthält vier verschiedene Spiele)
- Denk fix!, Spear-Spiele, Nürnberg
- Quiz
- Teekesselchen
- Halli Galli (Mengenbegriff)

- Spiele, die die Eins-zu-Eins-Zuordnung trainieren, wie z. B. Mensch Ärgere Dich Nicht!
- Kinder- und Bilderbücher (große Schrift wählen; anfänglich Schreibschrift, später Druckschrift)

Nonverbale Sprache
- Pantomime, Ass-Verlag
- Comics »lesen«
- Bilder mit Gesten und Gesichtsausdrücken
- Symbolkarten anfertigen und im Alltag gebrauchen (z. B. Farben rot-gelb-grün)
- Rollenspiele und Pantomime
- Pantomimic, F.X. Schmidt-Spiele, Prien

Lernstrategien

Absprachen mit dem Kind treffen
Die Hausaufgaben sind grundsätzlich für das Kind und nicht für die Eltern bestimmt.

Das Kind soll alleine und für sich arbeiten. Zum Beispiel kann man vereinbaren, daß das Kind seine Arbeit macht (Hausaufgaben) und die Mutter ihre Aufgaben erledigt (Hausarbeit, bügeln, abwaschen usw.). Die Mutter oder der Vater kann nach einer halben Stunde nachschauen, ob das Kind zurechtkommt. Dann soll das Kind Fragen stellen, die Eltern sollten so kurz und klar wie möglich darauf und nur darauf antworten.

Absprachen mit dem Lehrer treffen
- bezüglich der Hausaufgaben und der dafür notwendigen Zeit
- über die Erlasse (s. Kapitel 5)
- über einen Förderunterricht oder private Hilfen für das Kind (s. Kapitel 4)

Die in den einzelnen Bundesländern gültigen Richtzeiten für die tägliche Hausaufgabenzeit sind in der folgenden Tabelle zusammengestellt:

Richtzeiten für die Dauer der täglichen Hausaufgaben in der Grundschule und der Sekundarstufe 1

Schuljahr/Land	Baden-Württemberg	Bayern	Berlin	Bremen	Hamburg	Hessen	Niedersachsen	Nordrhein-Westfalen	Rheinland-Pfalz	Saarland	Schleswig-Holstein
1	45	60	15	keine	*	30	**	30	keine	30	30
2	45	60	30	30	30	30	30	30	Richt-	30	30
3	60	60	45	45	60	45	45	60	zeiten	60	60
4	60	60	45	45	60	45	45	60		60	60
5	90	60–120	60	90	90	60	60	90		60	60
6	90		60	90	90	60	60	90		120	60
7	90		90	120	120	90	120	120			120
8	120		90	120	120	90	120	120			
9	120		90	120	120	120	120	120			
10	120		120	120	120	120	120	120			

* »Behutsame Einführung« ** »Anleitung zu Hausaufgaben«

Arbeitsprinzipien

Das Kind soll immer zuerst das erledigen, was ihm am meisten Spaß macht und was es am einfachsten findet. Ist das erledigt, kann man dazu übergehen, das Wichtigste zu machen.

Pausen sollten erst dann gemacht werden, wenn klar ist, wie es nach der Pause weitergeht. Deshalb sollten Pausen vorher geplant werden.

Grundsätzlich gilt beim Lernen und Arbeiten wie in allen anderen Bereichen auch: Es ist sinnvoll, die Arbeit in kleine Schritte einzuteilen, die nacheinander abgearbeitet werden können.

Lernen sollte man planen. Eltern können zusammen mit ihrem Kind eine Übersicht darüber erstellen, was zu tun ist. Eine Pinnwand ist dafür besonders geeignet. Für jede einzelne Aufgabe heftet man einen Zettel an die Pinnwand, den das Kind abnehmen kann, wenn es die Aufgabe erledigt hat. So wird der Fortschritt der Arbeit auch »greifbar« und »sichtbar«.

Ähnlichkeitshemmung vermeiden

Im 2. Kapitel wurde das Problem der Ähnlichkeitshemmung am Beispiel von Hannahs Lese-Rechtschreibschwäche bereits erläutert. Für jeden ist es schwierig, Dinge in der Vorstellung auseinanderzuhalten, die sich nur wenig voneinander unterscheiden – vor allem dann, wenn man sie mit ähnlichen Situationen oder Umgebungen verbindet. Besonders schwer haben es Kinder, die sich unterschiedliche Schreibweisen von gleich klingenden Worten merken müssen. Es ist schlimm, wenn sie richtig und falsch Geschriebenes nebeneinander sehen, oder Worte wie Eule – Säule, Lachs – Axt, wieder – wider usw. in unmittelbarem zeitlichen Zusammenhang lernen müssen.

Man sollte, wo immer es geht, darauf achten, daß Ähnliches zeitlich und räumlich auseinandergehalten wird. Es ist besser, das Richtige zu unterstreichen und nicht die Fehler hervorzuheben.

Entspannung und Lockerungsübungen

Bei der Arbeit mit lern- und leistungsgestörten Kindern haben sich Enstpannungsübungen bewährt. Unter der Bezeichnung »Stecki 401«[22] gibt es Kassetten mit Geschichten und Übungen für Kinder ab 5 Jahren. Zum Vorlesen und zur Entspannung eignen sich auch die Bücher von E. Müller (siehe Leseempfehlung im Anhang).

---

22 z.Zt. im Handel nicht erhältlich.

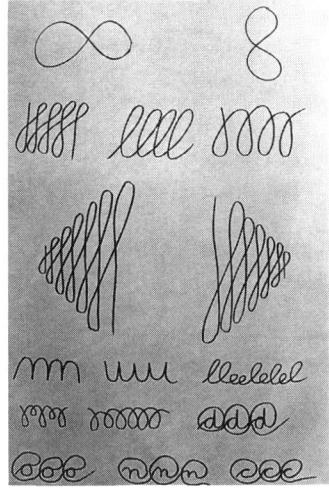 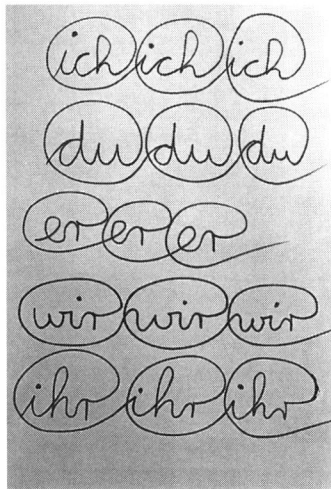

Die beiden Abbildungen auf dieser Seite zeigen einige
Beispiele von Lockerungsübungen. Sinnvoll ist es, diese
Übungen anfangs groß durchzuführen. Dafür eignen sich
die Rückseiten alter Tapetenrollen, Tafeln oder eine Sand-
fläche draußen im Freien. Wenn das Kind diese Übungen
beherrscht, kann man dazu übergehen, sie kleiner auf Papier
malen zu lassen. Später lassen sich diese Lockerungsübungen auf das Schreiben von Worten und Ziffern übertra-
gen.

Lesen, Schreiben und Rechnen: Kulturtechniken

Für alle Schulfächer: Die 5-Fächer-Lernkartei

Zum Arbeiten mit der 5-Fächer-Lernkartei benötigt man einen Kasten und Karteikarten der Größe DIN A7. Mit dieser
Kartei kann man fast alles lernen: Der Lernstoff wird in
kleine Einheiten unterteilt und in Frage-Antwort-Form auf
die Karten geschrieben. Dabei steht auf der Vorderseite der

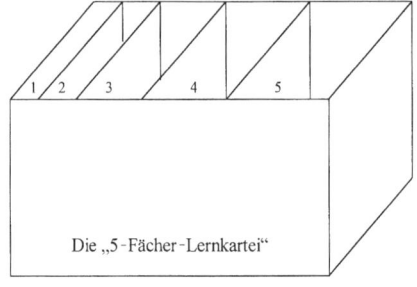

Die „5-Fächer-Lernkartei"

Karte die Frage, auf der Rückseite die Antwort. Will man z. B. englische Vokabeln lernen, steht auf der Vorderseite das deutsche Wort, auf der Rückseite die englische Übersetzung. Das Arbeitsprinzip ist ganz einfach. Neue Kärtchen kommen in das Fach 1 (das kleinste Fach). Dieses Fach wird jeden Tag außer Sonntag bearbeitet. Ist die Antwort richtig, wandert das Kärtchen in das nächste Fach, ist die Antwort falsch, wird das Kärtchen im 1. Fach hinten eingeordnet. Die Fächer 2 bis 5 werden immer dann bearbeitet, wenn sie voll sind.

Die Arbeit mit der Lernkartei[23] hat eine Reihe von Vorteilen, die gerade für Kinder mit Lern- und Leistungsschwierigkeiten besonders günstig sind. Das Lernen ist vollständig selbstkontrolliert und kann dem eigenen Tempo angepaßt werden. Der Lernstoff ist »mit den Händen greifbar«, und beim Lernen werden mehr Sinne als nur das Sehen angesprochen. Die Sortierordnung führt dazu, daß nur das in engen Zeitabständen wiederholt wird, was man noch nicht beherrscht. Der übrige Stoff wird in größeren Abständen wiederholt. Die Wiederholung des Lernstoffs in größer werdenden Zeitabständen entspricht darüber hinaus der Organisation unseres Gedächtnisses, das in mehreren Stufen aufgebaut ist.

Lesen

Beim Lesen stellt sich das menschliche Auge auf einen gleichbleibenden Neigungswinkel der Vorlage gegenüber der Horizontalen von ca. 25–30 Grad ein. Man sollte diesen Winkel beim Lesen nicht dadurch erreichen, daß man den

---

23 Bestelladresse für die Lernkartei: Freiarbeit-Verlag, Waldstr. 18, 77839 Lichtenau/Baden

Jan zeigt hier die richtige Lesehaltung.

Rücken entsprechend krümmt, sondern dadurch, daß man das Buch schräg legt. Dies kann man durch Unterlegen eines Gegenstandes (z. B. ein anderes dickes Buch) erreichen, wie es Jan auf dem Foto zeigt. Noch besser ist es, wenn man die Tischplatte um diesen Winkel neigen kann. So beugt man Haltungsschäden vor, und das Kind nutzt diesen Vorteil auch beim Schreiben.

Lesen üben – aber richtig!
- Nicht mehrmals den gleichen Text üben. Kinder kennen dann Teile auswendig und werden dazu verführt, den Rest zu erraten.
- Wenn ein Kind noch Schwierigkeiten mit bestimmten Buchstaben hat, sollte man sie mit Farbstiften umkreisen und nachzeichnen: z. B.:
  B – b blau nachzeichnen
  O – o rot nachzeichnen
  Ei – ei gelb nachzeichnen.

So erleichtert man dem Kind, die ähnlich aussehenden Buchstaben oder Buchstabenverbindungen zu unterscheiden.

- Silbenbögen (siehe Abbildung unten) verhindern das Ratelesen. Das Kind sollte bei neuen Texten Silbenbögen zeichnen. Das fördert die Artikulation und verhindert, daß der Text erraten statt gelesen wird. Falsch gesetzte Silbenbögen sollten korrigiert werden. Wenn es dem Kind noch schwerfällt, die Bögen einzuzeichnen, kann man ihm die Bögen vorgeben.

Fritzchen sagt: „Ich lasse
die Münze entscheiden!
Wenn die Zahl oben liegt,
fahre ich schwimmen und
wenn das Blatt oben
liegt, gehe ich ins Kino."
„Und wann machst du
Hausaufgaben?" fragt die
Mutter. „Wenn die Münze
auf der Kante steht!"
Jan M.

Silbenbögen machen den Text leserlicher.

Lesepfeil

Erfahrungsgemäß hilft ein Lesepfeil Kindern beim Lesen. Dieses einfache, aber wirksame Hilfsmittel kann man leicht aus buntem Transparentpapier in den Lieblingsfarben des Kindes selbst basteln, wie es auf dem Foto zu sehen ist. Die dunklere der beiden Farben sollte dabei oben sein. Das Kind kann nun den Lesepfeil langsam Zeile für Zeile über den Text schieben und immer das lesen, was im Fenster des Lesepfeils sichtbar ist. Für verschiedene Bücher mit unterschiedlichen Schriftgrößen kann man verschieden große Lesepfeile benutzen. Es ist sinnvoll, den Lesepfeil mit Klarsichtfolie zu überziehen.

Der Lesepfeil in Aktion.

Längere Texte lesen

Richtig lesen hilft, den Inhalt zu verstehen und zu behalten.

- Längere Texte nicht auf einmal lesen, sondern in kurze Abschnitte unterteilen.
- Auf Besonderheiten im Text achten – z. B. Abbildungen oder Grafiken.

- Die folgende Lesestrategie hat sich bewährt: Erst den Text überfliegen, dann gründlich lesen, dann Wichtiges bunt unterstreichen oder herausschreiben.
- Wenn die Bedeutung eines Wortes unklar ist, im Duden nachschlagen oder jemanden fragen.
- Weitere Tricks zum effektiven Lesen: Unwichtiges durchstreichen, Überschriften für Abschnitte finden, Notizen am Rand machen, mit anderen über den Text sprechen, gemeinsam lesen …

Auswendig lernen

Gedichte und kürzere Texte kann man gut auswendig lernen, wenn man mit der ersten Zeile anfängt und immer eine weitere dazunimmt:

- Zuerst die erste Zeile zwei- oder dreimal laut lesen
- Alles zudecken und die Zeile auswendig wiederholen
- Die erste und zweite Zeile einige Male lesen
- Text zudecken und die ersten beiden Zeilen auswendig wiederholen
- Die ersten drei Zeilen lesen
- Text zudecken und die ersten drei Zeilen auswendig wiederholen usw.

Man sollte die Zeilen nicht getrennt lernen, sondern den Text immer von vorne aufsagen, damit das Neue immer an schon Bekanntes anknüpft. Wenn man den Text auswendig spricht, sollte die Vorlage zugedeckt sein. Für schwierige Stellen kann man sich Eselsbrücken überlegen oder Bilder dazu malen.

Schreiben

Abschreiben

Gerade in der Grundschulzeit müssen Kinder viel abschreiben. Für Kinder mit Schwierigkeiten beim Rechtschreiben gibt die folgende Anleitung Hilfen, dieses Abschreiben sinnvoll und effektiv zu gestalten.

- Das Wort genau ansehen
- Besonderheiten beachten, die man sich gut merken muß. Gibt es Teile eines Grundwortes, das bekannt ist?
- Sich das Wort mit geschlossenen Augen vorstellen.
- Das Wort im Text noch einmal anschauen: Hat man sich das Wort richtig vorgestellt?
- Jetzt das ganze Wort auswendig hinschreiben.
- Wenn man nicht weiter weiß, das Wort noch einmal ansehen, bevor man es eventuell falsch hinschreibt.
- Mit der Vorlage vergleichen.
- Bei Fehlern das Wort sofort verbessern.
- Wenn alles richtig ist, sich selbst dafür loben (»Das habe ich gut gemacht!«).

Diktat üben

Die Übungssituation sollte ähnlich der schulischen Diktatsituation sein. Die Mutter oder der Vater setzt sich nicht neben das Kind, sondern diktiert aus einiger Entfernung, so daß sie/er nicht sehen kann, was das Kind schreibt. Beim Diktieren soll man ganz normal sprechen. Übertriebene Artikulation hilft dem Kind vielleicht zu Hause, aber in der Schule hat es diese Hilfe nicht. Grundsätzlich sollte man so diktieren:

- Erst den ganzen Text lesen.
- Dann den ganzen ersten Satz vorlesen.
- Dann den ersten Satz in kurzen Abschnitten diktieren, die das Kind dann schreiben soll.
- Zum Abschluß noch einmal den ganzen Text vorlesen.

Das Kind verhält sich beim Diktatschreiben so:
- Während des Vorlesens hört das Kind nur zu und achtet darauf, den Sinn der Geschichte zu begreifen. Wenn es etwas nicht versteht, fragt es sofort nach. Beim Zuhören sieht das Kind auf die leere Seite und legt die Hände locker daneben; den Stift hält es also noch nicht in der Hand.

- Das Kind spricht beim Schreiben laut oder leise mit (in der Schule muß man sich darauf beschränken, innerlich mitzusprechen) und schreibt langsam und deutlich. Es schreibt nur Worte, deren Schreibweise es sicher beherrscht. Für Worte, bei denen es sich nicht sicher ist, läßt es eine Lücke. Wenn man lange an Worten herumprobiert, die man nicht sicher kennt, kostet das viel Zeit, und man kommt nicht mehr mit: Panik entsteht, und das klare Denken wird blockiert. Also: lieber eine Lücke lassen. Wenn das Kind sich nicht sicher ist, ob ein schon geschriebenes Wort richtig ist, weil es irgendwie »komisch aussieht«, kann es das Wort mit einem Zeichen markieren (z. B. mit einem Stern*). Später, beim Nachsehen, ist Zeit, sich das Wort noch einmal in Ruhe zu überlegen.
- Wenn das Diktat zum Schluß noch einmal insgesamt vorgelesen wird, kann das Kind vergleichen. Dabei geht es den Text Wort für Wort durch und schaut, ob etwas fehlt oder falsch geschrieben ist.
- Danach hat das Kind Zeit, das Diktat einmal zu kontrollieren. Die Wörter, die markiert sind, weil sie »komisch aussehen«, können ggf. verbessert werden. Bei den Lücken überlegt das Kind, ob es sich an das Wort erinnert und füllt die Lücken aus.

Vokabeln üben

Für Kinder, die Probleme mit dem Lesen und Schreiben haben, ist der Beginn des Fremdsprachenunterrichts in der 5. Klasse oft eine besondere Hürde. Jetzt müssen nicht nur für die deutschen Wörter, sondern auch für die fremdsprachigen Vokabeln Schreibweise und Bedeutung gelernt werden. Die weiter oben beschriebene Lernkartei hat sich auch für das Vokabellernen bewährt.

Rechtschreibregel: Groß- und Kleinschreibung

Viele Kinder haben Probleme bei der Groß- und Kleinschreibung, weil die Regeln dazu nicht eindeutig sind. Daß gängige »Eselsbrücken« durchaus in die Irre führen und noch mehr Verwirrung anrichten können, zeigt dieser Beispieltext:

> DIE KATZE SITZT HINTERM OFEN.
> die kann man nicht anfassen.
> (schreibt man klein.)
> katze kann man nicht anfassen. kratzt.
> (schreibt man klein)
> sitzt kann man nicht anfassen. (klein.)
> Hintern kann man anfassen. (Groß.)
> Ofen kann man nur im Sommer
> anfassen. im Winter nicht. Also:
> die katze sitzt Hintern ofen. (im Winter)
> die katze sitzt Hintern Ofen (im Sommer)

Dennoch sind Regeln grundsätzlich als Lernstrategien sinnvoll, wenn sie sicher angewendet werden. Kinder können sich die folgenden Fragen[24] der Reihe nach stellen, wenn sie sich bei der Schreibweise unsicher sind:
1. Paßt »ich, du, er« oder »wir« vor das Wort? – dann klein
2. Sagt das Wort, wie etwas oder jemand ist? – dann klein
3. Paßt »der, die« oder »das« vor das Wort? – dann groß
Wenn die Reihenfolge beachtet wird, findet das Kind zuerst das Verb, dann das Adjektiv und zum Schluß das Nomen. Da auch Verben und Adjektive als Nomen gebraucht wer-

24 nach Dummer-Smorch: Mit Phantasie und Fehlerpflaster. 1989

den, kann es sonst zu Verwirrungen kommen. Man kann ein Kärtchen mit diesen drei Fragen anlegen, das das Kind immer benutzt, wenn es unsicher ist. Mit der Zeit kann es dann die Fragen auswendig. Sollte es auch nach einigem Üben Probleme mit der Anwendung dieser Regeln haben, ist diese Lernhilfe für das Kind nicht sinnvoll.

Ordentlich Schreiben

Genauso wie für die Arbeitsumgebung gilt auch für das Schreiben, daß die äußere Ordnung beim Lernen und Behalten hilft. Ordentlich und deutlich geschriebene Worte werden leichter und eindeutiger gespeichert und können sicherer und schneller wieder abgerufen werden.

Für jüngere Schulkinder (bis 10 Jahre) kann das eine maßlose Überforderung sein, wenn sie beispielsweise eine feinmotorische Störung haben. Dann legt man besser zunächst weniger Wert auf die Schrift und ermutigt das Kind statt dessen, sich mehr Zeit zu lassen.

Wenn man sich auf Klassenarbeiten vorbereitet, lohnt es sich deshalb, den Stoff zu wiederholen, indem man alles noch einmal ordentlich und sauber abschreibt.

Rechnen
Hilfe bei Mathematikarbeiten

Erfahrungsgemäß hilft es Kindern bei Mathematikarbeiten, sich zuerst einen Überblick über alle Aufgaben zu verschaffen. Dann sollte der Schüler entscheiden, welche Aufgabe er am einfachsten findet, und damit beginnen. Zum Schluß sollte die schwierigste Aufgabe bearbeitet werden. Um sich auf die jeweilige Aufgabe besser konzentrieren zu können, knickt das Kind den Aufgabenzettel so, daß es nur gerade die Aufgabe sieht, die es bearbeitet. So wird der Panik vorgebeugt, die gegen Ende der Klassenarbeit entstehen kann, wenn man feststellt, daß noch so viele Aufgaben gerechnet werden müssen.

Textaufgaben

Das Lösen von Textaufgaben ist eine besondere Schwierigkeit für Kinder mit Lernproblemen. Die Lösungsstrategie, die hier vorgestellt wird, kann dabei helfen, überlegt und planvoll an eine Textaufgabe heranzugehen:

1. Die Aufgabe lesen, bis man den Sinn verstanden hat. Wenn man etwas nicht verstanden hat, nachfragen!
2. Wichtiges unterstreichen, z. B. Mengenangaben oder Einheiten. Unklares markieren.
3. Den Inhalt der Aufgabe aufzeichnen oder veranschaulichen; z. B. mit Stäbchen legen.
4. Die Aufgabe in Zahlen und Zeichen übersetzen.
5. Rechenweg entwerfen.

Wenn hier Schwierigkeiten auftreten, wieder bei 1. anfangen.

6. Überschlagen
7. Rechnen
8. Vergleichen und kontrollieren.
9. Antwort formulieren.
10. Antwort sauber ins Heft schreiben.
11. Loben, wenn die Lösung richtig ist.

Bei Rechenschwierigkeiten sind die Möglichkeiten für Eltern, konkrete Hilfe zu geben, begrenzt. Wenn über längere Zeit erhebliche Probleme im Mathematikunterricht auftreten und Eltern und Kind verunsichert sind, sollte man sich nicht scheuen, fachkundige, professionelle Hilfe in Anspruch zu nehmen.[25]

---

25 Einen unkonventionellen Einblick in die Probleme, die sich beim Rechnenlernen auftun, gibt das Buch »Ich war behindert anhand der Lehrer und Ärzte« von Iris Mann (s. Anhang)

Kapitel 4: Professionelle Hilfe

Professionelle Hilfe bei Lern- und Leistungsstörungen kann je nach Alter des Kindes die Vorbeugung durch Früherkennung von Entwicklungsverzögerungen oder die Behandlung zum Ziel haben.

Wann wird professionelle Hilfe nötig?

Wenn die Eltern das Gefühl haben, daß mit der Wahrnehmung ihres Kindes etwas nicht stimmt, und wenn die Eltern verunsichert sind und nicht mehr wissen, was sie tun sollen, sollten Fachleute hinzugezogen werden. Die Verunsicherung der Eltern führt immer zu einer Verunsicherung des Kindes und kann die Lernschwierigkeiten noch verstärken. Durch Verunsicherung entsteht Angst, die zu einer umfassenden Störung führen kann.

Früherkennung von Wahrnehmungsstörungen

Die Früherkennung bezieht sich besonders auf Kinder, die noch nicht zur Schule gehen. Wenn man bedenkt, daß die sehr komplizierten und vielfältigen Wahrnehmungsfunktionen bei jedem Kind in unterschiedlicher Geschwindigkeit zwischen dem 4. und 10. Lebensjahr ausreifen[26], liegt es auf

---

26 Näheres zur Entwicklung der Wahrnehmungsfunktionen in Kapitel 1 und A. Jean Ayres: »Bausteine der kindlichen Entwicklung«.

der Hand, daß auch von den Schulkindern, die den Schul-
reifetest bestanden haben, einige noch nicht »reif« sind.

Sehen

Falls Eltern beobachten, daß ihr Kind
- oft über Kopfschmerzen klagt,
- beim Sehen häufig die Augenlider angespannt zusammen-
  zieht,
- beim Lesen und Schreiben den Kopf übertrieben stark
  senkt und fast »mit der Nase schreibt«,
- mit den Augen zwinkert,

sollten sie einen Augen- oder Kinderarzt zu Rate ziehen, der
die Sehfähigkeit des Kindes gründlich überprüft.

Hören

Wenn Eltern Hörprobleme vermuten, obwohl das Kind nach
dem Ergebnis eines Hörtests normal hört, sollte man auf fol-
gendes achten:

Wenn auffällt, daß das Kind
- in halligen Räumen, bei Nebengeräuschen und wenn
  durcheinander gesprochen wird, schlecht hört,
- über laute Geräusche klagt und sich die Ohren zuhält,
- Personen nicht ansieht, wenn sie sprechen und nicht mit-
  bekommt, was gesprochen wird,
- verzögert auf akustische Signale reagiert,
- Probleme hat, sich in der lauten Schulklasse zu konzentrieren,
- über Kopfschmerzen klagt,
- aggressiv oder völlig ausgelaugt ist, wenn es aus der Schule kommt,

kann es sein, daß eine zentrale Hörstörung oder Fehlhörigkeit vorliegt. Eltern sollten in diesem Fall eine Untersu-
chung an einem audiologischen Zentrum (in größeren Städ-
ten oder an Universitätskliniken) durchführen lassen.

Die Fehlhörigkeit ist meistens mit Wahrnehmungsstörungen im Bereich der Speicherung und Verarbeitung des Gehörten verbunden: Kinder können das, was sie hören, schlecht behalten und verarbeiten, die Unterscheidungsfähigkeit für Geräusche und Töne ist herabgesetzt und die Aufmerksamkeit für akustische Eindrücke ist beeinträchtigt. Diese Kinder bekommen oft beim Lesen- und Schreibenlernen, beim Diktatschreiben und auch in anderen Schulfächern erhebliche Schwierigkeiten.

Da diese Störungen in der Regel nicht durch Medikamente, Hörgeräte oder Operationen gebessert werden können, kommt der Aufklärung der Umgebung eine besondere Rolle zu. In den meisten Fällen kann durch die Zusammenarbeit zwischen Eltern und Schule das Problem entschärft werden. Nur bei wenigen fehlhörigen Kindern wird es erforderlich, sie in kleinere, ruhigere Klassen umzuschulen.

Riechen und Schmecken

Wenn die Eltern feststellen, daß ihr Kind

- nur Weiches essen will, wie z. B. Kartoffelbrei, Apfelmus, Gummibärchen, Brot ohne Kruste etc. und
- nichts Hartes wie Äpfel, Knäckebrot, harte Bonbons,

so kann es sein, daß das Kind unter »sensorischen Integrationsstörungen« dieser Sinnesqualitäten leidet. Das heißt, daß beim Essen und Kauen der Druck, die Temperatur und die Berührung mit den Speisen anders wahrgenommen werden als bei Erwachsenen. Dem Kind können harte Speisen beim Essen so starke Schmerzen bereiten, als müßte es Reißnägel kauen.

Auch wenn der Zusammenhang mit Lern- und Leistungsstörungen sicher zunächst etwas fernliegend erscheint, gilt es aber als gesichert, daß die Entwicklung des Riechens und Schmeckens eng mit der allgemeinen Bewegungsentwicklung verbunden ist.

Fühlen, Greifen, Tasten, Bewegung (Grob- und Feinmotorik), Gleichgewicht

Wenn Eltern die folgenden Verhaltensweisen bei ihrem Kind beobachten, ist es wahrscheinlich, daß die Entwicklung dieser Wahrnehmungs- und Bewegungsfunktionen verzögert ist.

Das Kind fällt auf, weil

- es Gegenstände schlecht greifen kann und daneben faßt,
- es nicht auf einem Bein stehen oder hüpfen kann,
- es nicht rückwärts gehen kann,
- es nur schwankend gehen kann,
- es beim Gehen oft an Wänden oder Zäunen oder anderen Begrenzungen entlang läuft, um sich zu orientieren,
- es Stifte nur schlecht halten und bewegen kann,
- es ungern malt und bastelt,
- es eine unleserliche Schrift hat,
- es links und rechts nur schwer unterscheiden kann,
- es alles anfassen muß, was es sieht,
- es beim Eingießen oft etwas verschüttet,
- es allgemein sehr »ungeschickt« ist.

Wenn solche Verhaltensweisen gehäuft oder über längere Zeit auftreten und den Eltern Sorgen machen, sollten sie sich unbedingt an einen Fachmann wenden (Arzt, Ergotherapeut, Krankengymnastin).

Gleichgewichtsprobleme[27] sind Ausdruck einer gestörten »Seitigkeitsentwicklung«. In der Regel ist eine der beiden Gehirnhälften bei der Steuerung der Bewegung führend. Da sich die Nervenbahnen auf dem Weg vom Gehirn zum Körper überkreuzen, ist das beim Rechtshänder die linke Hirnhälfte und beim Linkshänder die rechte Hirnhälfte. Gerade bei Kindern, die eigentlich Linkshänder sind, aber aus ir-

---

27 »Edu-Kinesthetik« kann helfen! Siehe Leseempfehlung: Dennison 1990

gendwelchen Gründen auf Rechtshändigkeit umgestellt worden sind, kann die Bewegungsentwicklung beeinträchtigt werden.[28]

Sprechmotorik, Artikulation und Sprachverständnis

Sprachwissen, Kommunikation und nonverbale Sprache

Bei Störungen und Entwicklungsverzögerungen dieser Bereiche können Eltern folgende Beobachtungen machen:

Sie stellen fest, daß ihr Kind
* undeutlich spricht, stottert und stammelt,
* Silben verschluckt,
* mit bestimmten Lauten Probleme hat,
* Schwierigkeiten hat, die richtigen Worte zu finden,
* oft Dinge falsch versteht.

Wenn sich solche Beobachtungen häufen, sollte dringend fachlich kompetente Hilfe eingeholt werden. In diesen Fällen können Kinderärzte und dann gegebenenfalls auch Logopäden oder Sprachheilpädagogen weiterhelfen und das Kind gezielt fördern.

---

28 Wer sich über die speziellen Probleme der Linkshänder informieren will, findet Näheres im Buch »Linkshändig? Ein Ratgeber« von R.W. Meyer. (Siehe Leseempfehlungen im Anhang)

Gedächtnis, Konzentration, Ausdauer

Diese Aspekte sollten insbesondere bei Schulkindern untersucht werden, die durch Schulversagen im Rechnen, Schreiben oder Lesen auffallen. Eltern können sich an eine Schulberatungsstelle oder eine freie Praxis wenden, um ihr Kind zunächst näher untersuchen zu lassen.

Schulische Lern- und Leistungsstörungen

Die Hilfe von Fachleuten sollte dann in Anspruch genommen werden, wenn mehrere der folgenden Punkte auf die Situation des Kindes zutreffen:

- Das Kind macht beim Lesen, Schreiben oder Rechnen viele Fehler.
- Es kann sich nur schwer konzentrieren.
- Es ist schnell ablenkbar.
- Es hat Schwierigkeiten im Umgang mit Gleichaltrigen.
- Es fehlt ihm an Ausdauer.
- Es arbeitet bei den Hausaufgaben sehr langsam und »trödelt herum«.
- Es möchte am liebsten gar keine Aufgaben machen.
- Es schreibt unleserlich und krakelig.
- Es klagt oft über Bauch- oder Kopfschmerzen oder hat sonstige gesundheitliche Probleme.
- Es hat schon einmal eine Klasse wiederholt, aber die Probleme sind geblieben.
- Es ist ständig in Bewegung, kaut Fingernägel oder hat nervöse »Ticks« entwickelt.
- Es hat Angst im Dunkeln oder näßt ein.
- Es vergißt viel.
- Es wird schnell müde.
- Es schafft die Hausaufgaben nur mit Hilfe.

- Es weiß nicht, was es gerade vorher gelesen hat.
- Es hat Angst vor bestimmten Lehrern.
- Die Fachlehrer – Mathematik oder Deutsch – sorgen sich um die Leistungen des Kindes.

Wer kann helfen? – Ansprechpartner

Früherkennung und -förderung, Vorbeugung von Lern- und Leistungsstörungen
Früherkennung
Die Früherkennung von Entwicklungsstörungen, die zu Lernstörungen führen können, ist durch folgende Institutionen möglich:
- Kindergarten
- Pädagogische Frühförderung
- Hausärzte, Kinderärzte, HNO-Ärzte
- Schulvorbereitende Einrichtungen, Schulkindergarten
- Erziehungsberatungsstellen
- Gesundheitsamt

Frühförderung
Fallen Kinder durch Wahrnehmungsstörungen auf, kann die Förderung und Behandlung bei Fachleuten erforderlich sein.

Solche Fachleute sind zum Beispiel:
- Logopäden
- Ergotherapeuten
- Sprachheilpädagogen
- Motopädagogen
- Krankengymnasten
- Heilpädagogen.

Oft können schon Gespräche mit den Eltern über die Schwierigkeiten deutlich entlasten und weiterhelfen.

Erkennung und Behandlung schulischer Lern- und Leistungsstörungen

Erkennung

Es ist zunächst wichtig herauszufinden, ob die Vermutungen über die Störung des Kindes richtig sind oder ob es sich nur um eine leichte Entwicklungsverzögerung handelt, die lediglich vorübergehende Schwierigkeiten mit sich bringt.

Der Kinderarzt oder der HNO-Arzt kann klären, ob eine organische Erkrankung vorliegt (s. o.).

Weitere Anregungen können geben:
- Kindergarten
- Pädagogische Frühförderung
- Schulvorbereitende Einrichtungen, Schulkindergarten
- Gesundheitsamt

Die folgenden Stellen können beraten und eventuell das Kind auch testen, jedoch häufig keine Behandlung anbieten:
- Erziehungsberatungsstellen
- Lehrer/innen, Beratungslehrer/innen
- Schulpsychologische Beratungsstellen und Dienste

Man sollte dabei bedenken, daß Lehrer in der Regel keine spezielle Ausbildung für den Umgang mit lern- und leistungsgestörten Kindern haben. Ratschläge wie: »Das wächst sich aus!« oder »Haben sie nur Geduld« sind daher verständlich, aber nicht hilfreich.

Förderung

• Förderunterricht entsprechend den jeweils gültigen Richtlinien und Erlassen[29]

Therapie und Beratung

Im Fachverband für integrative Lerntherapie sind Fachleute
zusammengeschlossen, die oft je nach Art der Störung ent-
weder auf Lese-Rechtschreibschwäche (Legasthenie) oder auf
Rechenschwäche (Dyskalkulie) spezialisiert sind. Im Anhang
finden sich Adressen des Fachverbandes, anderer Fachver-
bände sowie von Elterninitiativen, die auf Anfrage weiterhelfen können.

Wann ist professionelle Hilfe nicht mehr nötig?

Wenn das vor Beginn der Behandlung festgelegte Behand-
lungsziel erreicht ist, ist der Auftrag der professionellen Hilfe
erfüllt.

---

29 Da die Erlasse und Richtlinien in den einzelnen Bundesländern sehr unterschiedlich sind, sollte man beim zuständigen Kultusministerium die
entsprechenden Informationen anfordern. Die Anschriften und die genauen Bezeichnungen der Erlasse und Richtlinien sind im 5. Kapitel zusammengestellt.

Kapitel 5 : Lern- und Leistungsstörungen im gesellschaftlichen Umfeld

Die Diskussion darüber hält an, was Lern- und Leistungsstörungen eigentlich ausmacht, seien es nun Lese-Rechtschreibschwächen oder Rechenschwächen. Es ist nicht abschließend geklärt, wo die Ursachen dafür zu suchen sind und ob man diese Störungen mit praktikablen, theoretischen Modellvorstellungen beschreiben kann. Immer wieder erscheinen in der Presse Artikel, die Legasthenie als Erfindung einer geschäftstüchtigen Clique aus Psychologen und Lerntherapeuten darstellen[30]. Die betroffenen Kinder seien weder krank noch behindert und – so wird zumindest zwischen den Zeilen nahegelegt – eine entsprechende, gezielte Förderung dieser Kinder sei überflüssig.

Die Erfahrungen, die betroffene Kinder und ihre Eltern tagtäglich machen, sprechen dagegen eine andere Sprache. Unsere Fallbeispiele im 2. Kapitel zeigen, daß sowohl die Kinder als auch ihre Familien unter der Lernstörung leiden. Bei einer gravierenden Lernstörung reichen die Mittel der Eltern und die Möglichkeiten der Schule nicht aus, um die Probleme in den Griff zu bekommen. Dann ist, wie im Kapitel 4 beschrieben, professionelle Hilfe sinnvoll und nötig, weil eine »seelische Behinderung« droht. Die Kenntnis der genauen Ursachen für die Lernstörung im Einzelfall ist zweitrangig. So verliert auch die Ursachenforschung an Gewicht, da das betroffene Kind mit seinem sozialen Umfeld

---

30 »Die Zeit«, Nr. 4, v. 22.1.1993 S. 27–28: »Die Opfer der Schreibkultur«

verstärkt in den Mittelpunkt des Interesses gerückt ist. Wenn auch die Erfahrung lehrt, daß eine tiefgreifende Lernstörung ein Kind auf Dauer krank machen kann, wird man diese Störungen nicht im engeren Sinne als Krankheit bezeichnen können. Darüber besteht zumindest in Deutschland insoweit eine Übereinkunft, daß sich die Krankenkassen für die Behandlung lern- und leistungsgestörter Kinder in der Regel für nicht zuständig erachten.

Die folgenden Abschnitte enthalten deshalb nähere Informationen zu den Kosten und Belastungen, die auf Eltern zukommen, wenn sie Hilfe für ein lern- oder leistungsgestörtes Kind in Anspruch nehmen wollen.

Behandlungskosten

Für die Behandlung lerngestörter Kinder gibt es keine festgelegten Honorarsätze wie z. B. für die ärztliche Behandlung. Grundsätzlich gilt wie in anderen Bereichen auch, daß eine Behandlung nicht billig sein kann, wenn sie von gut ausgebildeten, qualifizierten Therapeuten durchgeführt wird. Die Qualifikationen, die integrative Lerntherapeuten erfüllen müssen, umfassen neben einem Lehramts-Staatsexamen, bzw. einem Diplom in Psychologie oder Pädagogik auch Zusatzausbildungen in Germanistik oder Mathematik, Kenntnisse in Psychologie, Pädagogik, Psychotherapie, Gesprächsführung, Familien- und Spieltherapie etc. Darüber hinaus sind Supervision (berufsbegleitende Beratung) der Therapiesitzungen sowie regelmäßige Fort- und Weiterbildungen erforderlich. Da keine Lernstörung der anderen genau gleicht, müssen bei jedem Kind unterschiedliche, individuelle Behandlungsansätze gesucht werden. Das ist nur bei einer umfassenden Ausbildung des Therapeuten möglich. Zusätzlich müssen auch die Kosten für Materialien, für die Vor- und Nachbereitung, für Nebenkosten wie Büroarbeit und Miete etc. über die Honorare für die Therapiestunden abgerechnet werden.

Ein Stundensatz von 120–150 DM deckt die Kosten für Behandlungen nach den Richtlinien für die Integrative Lerntherapie. Da viele Einrichtungen Zuschüsse erhalten, reduziert sich der Stundensatz, der vom Klienten verlangt wird, entsprechend. Erfahrungsgemäß dauert eine Integrative Lerntherapie durchschnittlich 50–100 Stunden.

Wer trägt die Kosten?

Leider ist es bei uns in Deutschland noch so, daß die Eltern in der Regel eine Lerntherapie selbst finanzieren müssen. Es besteht dann die Möglichkeit, diese Kosten steuerlich als »außergewöhnliche Belastungen« geltend zu machen.

Bei einer gravierenden Lese-Rechtschreib-Schwäche oder Rechenschwäche kann sich möglicherweise das Jugendamt an den Kosten beteiligen. Eltern sollten sich nicht scheuen, beim Jugendamt einen Antrag auf Hilfe zur Erziehung nach dem Kinder- und Jugendhilfegesetz zu stellen (KJHG § 35a, siehe Anhang).

Obwohl die Krankenkassen generell für Lern- und Leistungsstörungen nicht zuständig sind (s. o.) und die Integrative Lerntherapie nicht zu ihrem Leistungskatalog zählt, kann es in Einzelfällen Ausnahmeregelungen geben. Die Überzeugungsarbeit dafür ist aufwendig. Gutachten, ärztliche Stellungnahmen, Widerspruchsverfahren und Untersuchungen beim sogenannten Medizinischen Dienst der Krankenkassen sind dann üblich. Der Einzelfall wird sehr genau geprüft, und die betroffenen Eltern brauchen Geduld und einen langen Atem.

Erlasse und Richtlinien

Eltern sollten sich unbedingt informieren, um ihrem lerngestörten Kind gute schulische Bedingungen zu verschaffen. Nach Möglichkeit sollten Eltern und Lehrer an einem Strang ziehen und nicht gegeneinander arbeiten. Man darf nicht davon ausgehen, daß alle Lehrer und Schulleiter hinreichend mit der Problematik der Lernstörungen vertraut sind. Der Erlaßdschungel ist auch für »Insider« nur schwer durchschaubar.

Um so wichtiger ist es also für Eltern, die Richtlinien oder Erlasse zu kennen. Die Erlaßlage ist in den einzelnen Bundesländern unterschiedlich. Daher sollte man die Erlasse im zuständigen Landesministerium anfordern. Die Adressen der Kultusministerien finden Sie in der folgenden Liste:

Baden-Württemberg
Ministerium für Kultur und Sport, Schloßplatz 4, 70713 Stuttgart 10,
Tel. 0711/2790

Bayern
Bayerisches Staatsministerium für Unterricht, Kultus, Wissenschaft und Kunst, Salvatorstr. 2, 80333 München, Tel. 089/218601

Berlin
Senatsverwaltung für Schule, Berufsbildung und Sport, Bredtschneiderstr. 5-6, 14957 Berlin, Tel. 030/30320

Brandenburg
Ministerium für Bildung, Jugend und Sport, Heinich-Mann-Allee 107, 14473 Potsdam, Tel. 0331/8017014

Bremen
Senator für Bildung, Wissenschaft und Kunst, Rembertiring 8-12, 28195 Bremen 1, Tel. 0421/3611

Hamburg
Behörde für Schule, Jugend und Berufsbildung, Hamburger Str. 31, 22083 Hamburg, Tel. 040/291881

Hessen
Hessisches Kultusministerium, Luisenplatz 10, 65185 Wiesbaden,
   Tel. 0611/3680

Mecklenburg-Vorpommern
Ministerium für Bildung, Wissenschaft, Kultur, Jugend und Sport,
   Werderstr. 124, 19055 Schwerin, Tel. 0385/6551071

Niedersachsen
Niedersächsisches Kultusministerium, Am Schiffgraben 12,
   30159 Hannover, Tel. 0511/1201

Nordrhein-Westfalen
Kultusministerium Nordrhein-Westfalen, Völklingerstr. 49,
   40221 Düsseldorf, Tel. 0211/89603

Rheinland-Pfalz
Kultusministerium Rheinland-Pfalz, Mittlere Bleiche 61, 55116 Mainz,
   Tel. 06131/161

Saarland
Ministerium für Kultus, Bildung und Wissenschaft, Hohenzollernstr. 60,
   Postfach 1010,66117 Saarbrücken

Sachsen
Sächsisches Staatsministerium für Kultus, Archivstr.1, 01097 Dresden,
   Tel. 0351/ 2111516

Sachsen-Anhalt
Ministerium für Bildung, Wissenschaft und Kultur, Breiter Weg 31,
   39104 Magdeburg, Tel.: 0391/58114

Schleswig-Holstein
Ministerium für Frauen, Bildung, Weiterbildung und Sport, Gartenstr. 6,
   39104 Kiel, Tel. 0431/5961

Thüringen
Thüringisches Kultusministerium, Werner-Seelenbinder-Str. 1, 99096 Erfurt,
   Tel. 0361/386002

Richtlinien und Verordnungen sind Dienstanweisungen des Kultusministers und müssen befolgt werden. Bei Verstößen sind sie einklagbar. Bei Erlassen ist das anders. Es handelt sich hierbei um Empfehlungen für pädagogische Maßnahmen. Der einzelne Lehrer kann selbst entscheiden, ob er dem Erlaß folgt oder nicht. Eltern können nur hoffen, auf einen verständnisvollen Lehrer zu treffen.

Laut den ministeriellen Bestimmungen haben alle diejenigen Kinder Anspruch auf Förderung (Förderunterricht), die große Schwierigkeiten im Lesen, Schreiben und/oder Rechtschreiben haben. Den Lehrern ist es darüber hinaus möglich, die Rechtschreibzensierung auszusetzen.

Für Kinder mit einer Rechenschwäche fehlt dagegen eine entsprechende Bestimmung. Dieser Bereich wurde in der Vergangenheit sowohl von der Wissenschaft als auch von den Kultusministern sehr vernachlässigt. Das mag auch damit zusammenhängen, daß die Rechenschwäche (Dyskalkulie) schwerer zu erfassen und zu beschreiben ist. Aber auch bei Rechenschwierigkeiten gibt es unter Umständen die Möglichkeit, die Zensierung zeitweise auszusetzen.

Das Aussetzen der Zensierung ist eine wichtige Grundlage der individuelle Förderung eines lerngestörten Kindes. Dem betroffenen Kind wird der akute Leistungsdruck genommen und die Chance gegeben, seine individuellen, kleinen Lernfortschritte zu erkennen. Wenn die Schule in diesem Punkt hilft, entspannt sich die Lage für das Kind oft schon deutlich. Diese Maßnahme hat aber nur Sinn, wenn die Kinder es selbst wollen und Eltern und Lehrer dahinterstehen.

Der Umfang und Inhalt des Förderunterrichtes ist durch die Erlasse und Richtlinien der einzelnen Kultusministerien geregelt. Informieren Sie sich über die jeweils geltenden Bestimmungen!

Erlasse und Richtlinien zu Förderung von lese-rechtschreibschwachen Schülern (Stand 1.1.93)

Baden-Württemberg
»Förderung von Schülern mit Schwierigkeiten beim Lesen und Rechtschreiben«, Verwaltungsvorschrift vom 27.5.88, V/5 – 6504.2/20

Bayern
»Förderung von Schülern mit besonderen Schwierigkeiten beim Erlernen des Lesens und Rechtschreibens«, Bekanntmachung vom 20.11.79, A3-4/172 518, geändert durch die Bekanntmachung vom 15.9.80, A3-4/136 650

Berlin
»Förderung für Schüler mit besonderen Schwierigkeiten beim Erlernen des Lesens und Rechtschreibens«, S. 14/15 der Grundschulordnung vom 7.6.80 (Abl. S. 1139/ DBI S. 79), geändert durch Verwaltungsvorschriften vom 21.7.82 (Abl. S. 1018 – DBI III, S. 182) und vom 5.2.86

Bremen
»Förderung von Schülern mit besonderen Schwierigkeiten beim Erlernen des Lesens und des Rechtschreibens« vom 1.6.78

Hamburg
»Fördermaßnahmen für Kinder und Jugendliche mit besonderen Schwierigkeiten beim Erwerb und im Umgang mit der Schriftsprache«, Richtlinie vom 11.12.89, »LRS-Einzelhilfe«, Verfahrensregelung vom 1.8.90

Hessen
»Förderung von Schülern mit besonderen Schwierigkeiten beim Lesen, Schreiben und Rechtschreiben«, Verordnung und Richtlinien vom 22.10.85, Abl. 12/85 S. 883ff.

Niedersachsen
»Förderung von Schülern mit besonderen Schwierigkeiten beim Erlernen des Lesens und Rechtschreibens«, Erlaß vom 26.6.79, ergänzt durch Erlaß vom 24.7.80

Nordrhein-Westfalen
»Förderung von Schülerinnen und Schülern bei besonderen Schwierigkeiten im Erlernen des Lesens und Rechtschreibens«, RdErl. d. Kultusministeriums vom 19.7.1991, GABl. NW. I S. 174/ BASS 14-01 Nr.1

Rheinland-Pfalz

»Förderung von Schülern mit besonderen Schwierigkeiten beim Lesen und Rechtschreiben«, Verwaltungsvorschrift vom 15.10.83 – 946 – Tgb. Nr. 1621 (Amtsblatt S. 18)

Saarland

»Richtlinien zur Förderung von Schülern mit besonderen Schwierigkeiten im Lesen und Rechtschreiben«, vom 16.7.79/ Gmbl. Saar S. 563; Erlaß betreffend die Durchführung der obigen Richtlinien vom 16.7.79 (Gmbl. Saar 1980, S. 122)

Schleswig-Holstein

»Förderung von Schülern mit Lese-Rechtschreibschwäche (Legasthenie)« Erlaß vom 20.9.85 – X 330/518. 12/5

Nachwort

Mit Ulla Schmeing, der Mitautorin dieses Buches, verbindet mich eine langjährige kollegiale Lerngeschichte. Sie hat, wie der vorliegende Ratgeber zeigt, viel von dem *begriffen*, was ich in Fortbildungen und Supervisionen für integrative LerntherapeutInnen vermitteln wollte.

Gesagt und geschrieben ist manches schnell, aber *begriffen* erst nach vielen konkreten Erfahrungen, die im nachhinein auf den *Begriff* gebracht werden müssen.

Eigene Erfahrungen sind naturgemäß sehr subjektiv. Damit sie auch für andere Menschen in deren Aufgabenfeld nützlich sein können, müssen sie verallgemeinert werden, ohne daß die sinnliche Qualität der Erfahrung dabei verlorengeht.

Achim Meyer-Krahmer, leitender Oberarzt in Hamm, hat dazu beigetragen, daß diese wichtige Aufgabe gelungen ist, und hat das Buch um die Erfahrungen aus Sicht des Mediziners erweitert.

Greifen (handeln) kommt vor be-greifen.

Wenn Kinder nicht begreifen, werden sie als lernschwierig abgestempelt und in guter Absicht unter Druck gesetzt, um den Lernerfolg zu erzwingen. Der Alltag dieser Kinder sieht dann so aus, daß sie mehr von dem üben müssen, was sie zuvor schon erfolglos getan haben. Ein Teufelskreis schaukelt sich auf, in dem die Lernmotivation und das Selbstwertgefühl des Kindes und seine Beziehungen zu den Eltern und Lehrern Schaden nehmen.

Es gibt keine Methode, Kinder zum erfolgreichen Lernen zu zwingen.

Aber es gibt viele Handlungen, die zum Be-greifen führen und Lernschwierigkeiten überwinden können. Lernhandlungen so anzuregen und zu begleiten, daß sie selbstgewollt und selbstgesteuert bleiben fällt Eltern leicht bei Kindern, die durch Erfolge ein stabiles Selbstwertgefühl, eine gesunde Frustrationstoleranz und die nötige Portion Risikobereitschaft entwickelt haben.

Schwieriger wird das, wenn durch Mißerfolge das Zutrauen des Kindes in seine Fähigkeiten schon erschüttert ist, und die Erwachsenen Angst haben, das Kind könne schon wieder versagen. Angst ist ein schlechter Lehrmeister, denn er bringt Druck, Kontrolle und Strafe hervor, in guter Absicht – mit fataler Wirkung.

Im Einführungsteil wird aufgezeigt, wie wichtig vorschulische Erfahrungsfelder sind und wie sie aufeinander aufbauend die Voraussetzungen für schulisches Lernen erst schaffen.

Diese Informationen sind insbesondere auch für die Prävention von Lernstörungen wichtig. Fehlen solche Voraussetzungen noch beim Schuleintritt, »hapert« es höchstwahrscheinlich mit dem Lesenlernen, Schreibenlernen oder Rechnenlernen.

Nun reicht es leider nicht, die Voraussetzungen nachzubessern oder vermehrt zu üben, sondern die entstandenen Enttäuschungen, Kränkungen und Verunsicherungen seitens der Kinder und Eltern müssen erst bewältigt werden. Wie das in der Praxis aussieht, wird in den Fallbeispielen deutlich.

Optimisten, für die das Glas immer halb voll und nicht halb leer ist, schaffen dies leicht, und die Lektüre dieses Buches wird sie bestätigen, mit ihrer »ermutigenden Haltung des Abwartens« die Anregungen aufzugreifen.

Es gibt aber auch andere, weniger robuste Menschen, denen z. B. aufgrund eigener negativer Lernerfahrung die Bewältigung der Enttäuschung nicht so leicht gelingt und die dafür Hilfe brauchen.

Wer weiß, wozu das gut ist: Hilfen gibt es viele, sie sind in diesem Ratgeber aufgeführt. Als Mitbegründerin des Fachverbandes für integrative Lerntherapie beschränke ich mich darauf zu sagen, was Sie von professionellen LerntherapeutInnen (FIL) erwarten können: Unser erstes und wichtigstes Ziel ist es, Ihr Selbstwertgefühl – und zwar für Schüler und Eltern – zu stärken. Integrative LerntherapeutInnen werden Ihre Kinder bei Handlungen anleiten, die zum *Be-greifen* führen. Verständlicherweise werden LerntherapeutInnen deshalb nicht mit Übungen beginnen, bei denen die Schüler schon versagt haben, sondern werden sich etwas anderes einfallen lassen. Also lassen Sie sich überraschen, und wundern Sie sich nicht, wenn sogar gelacht wird.

Kurz gesagt, Lerntherapie soll die Lebensqualität der Betroffenen verbessern, und allein die Lektüre dieses Buches wird vielleicht schon dazu führen, daß Sie sich und den Personen Ihrer Umwelt mehr zutrauen, weil Sie unweigerlich anfangen werden, mehr auf Stärken als auf Schwächen zu achten.

Mit dieser Haltung kann sich ein Vertrauensklima in Ihrer Umgebung entwickeln, das Energien freisetzt, die Sie zur Lösung der vor Ihnen liegenden Aufgaben voll nutzen können.

Stuttgart im Juni 1998   *Helga Breuninger*

Anhang

Adressen

Aktion Eltern helfen Eltern im Bundesverband Neue Erziehung e.V., Am
Schützenhof 3, 53119 Bonn 1, Tel. 0228/664055
Arbeitskreis Grundschule e.V., Schloßstr. 29, 60486 Frankfurt/Main,
Tel. 069/ 776006 (Anrufbeantworter)
Arbeitskreis für Jugendliteratur e.V., Elisabethstr. 16, 80796 München

Bundesarbeitsgemeinschaft Hilfe für Behinderte e.V., Kirchfeldstr. 149,
40215 Düsseldorf, Tel. 0211/310060
Bundesministerium für Bildung und Wissenschaft, Heinemannstr. 2,
53175 Bonn, Tel. 0228/570
Beratungs- und Informationsstelle für Linkshänder und umgeschulte Links-
händer ONRS, Sendlinger Str. 17, 80331 München, Tel. 089/268614
Berufsverband Deutscher Diplom-Pädagog/Innen e.V., Bundesgeschäftsstel-
le, Richard-Wagner-Str. 11-13, 28209 Bremen 1, Tel. 0421/349224
Bundesverband Legasthenie e.V., Königstr. 32, 30175 Hannover 1, Tel.
0511/318738
Bundesverband zur Förderung Lernbehinderter e.V., Rolandstr. 61,
50677 Köln 1, Tel. 0221/374828
Bundesverband Deutscher Psychologen (BDP), Sektion Schulpsychologie,
Dipl.-Psych. Helmut Heyse, Albert-Schweitzer-Str. 7, 54329 Konz,
Tel. 06501/15154
Bundesvereinigung Stotterer Selbsthilfe e.V., Weyerstr. 245, 42719 Solingen
Bundeszentrale für gesundheitliche Aufklärung, Ostmerheimerstr. 200,
51109 Köln, Tel. 0221/8992-1

Deutscher Bundesverband für Logopädie e.V., Augustinusstr. 9D, 50226 Fre-
chen, Tel. 02234/691153
Deutscher Kinderschutzbund (DKSB), Bundesverband, Schiffgraben 29,
30159 Hannover, Tel. 0511/30485-0

Fachverband für Integrative Lerntherapie e.V., Obere Str. 45, 72119 Ammer-
buch, Tel. 07073/1659

Verband Deutscher Sonderschulen e.V., Fachverband für Behindertenpäd-
agogik, Herschelplatz 1, 90443 Nürnberg.

Weitere regionale Stellen, die helfen können:
Beratungslehrer
Erziehungsberatungsstellen
Elterninitiativen und -verbände
Lehrerinitiativen
Schulberatungsstellen
Schulpsychologische Dienste
private pädagogische und psychologische Praxen

Leseempfehlungen

Wahrnehmung
Ayres, A.J.: Bausteine der kindlichen Entwicklung, Springer Verlag, Berlin,
Heidelberg, New York, 2. Aufl. 1992
Dennison, P.u.G.: Das Handbuch der »Edu-Kinestetik« für Eltern, Lehrer
und Kinder jeden Alters. Verlag für angewandte Kinesiologie, 5. Aufl.,
Freiburg i. Breisgau 1990
Kiphard E. J.: Unser Kind ist ungeschickt. Hilfen für das bewegungsauffällige
Kind. Ernst Reinhardt, München und Basel 1984, 2. Aufl.
Müller, E.: Du spürst unter Deinen Füßen das Gras. Autogenes Training in
Phantasie- und Märchenreisen. Vorlesegeschichten. Fischer TB, Frankfurt
a.M. 1983
Müller, E.: Hilfen gegen Schulstreß. Übungsanleitungen zu autogenem Trai-
ning, Atemgymnastik und Meditation für Kinder und Jugendliche. roro-
ro 1984
Müller, E.: Auf der Silberstraße des Mondes. Autogenes Training zum Ent-
spannen und Träumen. Fischer, Frankfurt 1985

Erziehung
Bornhaupt, B.v./Hurrelmann, K.: Kinder im Streß? Ein Ratgeber über die
Probleme der 6–16jährigen. Beltz, Weinheim und Basel 1991
Bettelheim, B.: Ein Leben für Kinder. Erziehung in unserer Zeit. Deutsche
Verlags-Anstalt, 2. Aufl., Stuttgart 1987

Dix, R.: Kind ärgere Dich nicht. 280 Spiele ohne Verlierer. Fischer, Frankfurt a. M. 1984

Dreikurs, R./Soltz, V.: Kinder fordern uns heraus. Wie erziehen wir sie zeitgemäß? Klett-Cotta, Stuttgart 1989, 20. Aufl.

Hurrelmann, K.: Familienstreß, Schulstreß, Freizeitstreß. Gesundheitsförderung für Kinder und Jugendliche. Beltz, Weinheim und Basel 1990

Meyer, R.W.: Linkshändig? Ein Ratgeber. Humboldt Taschenbuch, München 1991

Prekop, J.: Der kleine Tyrann, Kösel Verlag 1988

Van den Brouck, J.: Handbuch für Kinder mit schwierigen Eltern, Klett-Cotta Verlag, Stuttgart, 7. Aufl. 1993

Schule und Lernen

Arenhövel, F., Ringbeck, B. (Hrsg.): Fördern macht Spaß, Auer Verlag, Donauwörth 1995

Endres W.: 99 starke Lerntips, Beltz Lern-Trainer, Beltz Verlag, Weinheim und Basel 1996

Kinder- und Jugendhilfegesetz, Sozialgesetzbuch – Achtes Buch, Textausgabe, Eigenverlag des Deutschen Vereins für öffentliche und private Fürsorge, 3. Aufl. 1994

Kohler, B.: Elternratgeber Hausaufgaben. Beltz, Weinheim und Basel 1989

Kossak, H-C.: Studium und Prüfungen besser bewältigen, Quintessenz MMV Medizin Verlag, München, 1995

Speichert, H.: Umgang mit der Schule, Rowohlt, Reinbek 1978

Speichert, H.: Hausaufgaben sinnvoll machen. Das Erfolgsprogramm gegen Lernfehler, Verlesen und Vergessen. Rowohlt, Reinbek 1980

Speichert, H.: Richig Üben macht den Meister. rororo 1985

Vester, F.: Denken, Lernen, Vergessen. dtv Taschenbuch, Deutsche Verlags-Anstalt, Stuttgart 1978

Wieczorek, E. u. O.: So fördere ich mein Kind. 100 psychopädagogisch erprobte Spiele. Econ-Ratgeber, Düsseldorf 1985

Lese-Rechtschreibschwäche (»Legasthenie«) und Rechenschwäche (»Dyskalkulie«)

Atzesberger, M.: Kommunikation zwischen Partnern, Legasthenie und Dyskalkulie. Bundesarbeitsgemeinschaft Hilfe für Behinderte e.V. (Bestelladresse s.o.)

Breuninger, H./Betz, D.: Jedes Kind kann schreiben lernen. Ein Ratgeber für Lese-Rechtschreib-Schwäche. Beltz, Weinheim und Basel, 1982

Dummer-Smorch, L.: Mit Phantasie und Fehlerpflaster. Hilfen für Eltern und Lehrer legasthenischer Kinder. Ernst Reinhardt, München und Basel, 1989

Grüttner, T.: Helfen bei Legasthenie. Verstehen und Üben. Rowohlt, Reinbek b. Hamburg 1987

Lohmann, B.: Müssen Legastheniker Schulversager sein? Ernst Reinhardt, München und Basel 1989, 2. Aufl.

Mann, I.: Schlechte Schüler gibt es nicht. Initiativen für die Grundschule. Beltz, Weinheim und Basel 1981-4

Mann, I.: Ich war behindert an Hand der Ärzte und Lehrer. Beispiele für Nicht-Aufgaben. Beltz Verlag, Weinheim und Basel 1991-4

Naegele, I.: Schulversagen in Lesen und Rechtschreiben (LRS 1). Ursachen, Auswirkungen, Abhilfe. Beltz, Weinheim und Basel 1991

Naegele, I.: Häusliche Hilfen bei Lese- und Rechtschreibschwierigkeiten. Ein Ratgeber. Beltz, Weinheim und Basel 1992

Naegele, I.M.: Lese-Rechtschreib-Schwierigkeiten, Beltz Verlag Weinheim und Basel 1995

Prem, H.: Eine vergnügliche Ballonfahrt ins Leseland. Grafenstein, München 1986, 3. Aufl.

Stein, A.: Das Rechtschreibspiel. Fehler verstehen und beseitigen. Kösel, München 1983, 5. Aufl.

Literatur

Berquet, K.-H.: Sitz- und Haltungsschäden. Auswahl und Anpassung der Schulmöbel. Stuttgart 1988

Breuer, H./Weuffen, M.: Gut vorbereitet auf das Lesen- und Schreibenlernen? VEB Deutscher Verlag der Wissenschaften, Berlin DDR 1985

Breuninger, H./ Betz, D.: Jedes Kind kann schreiben lernen. Beltz, Weinheim und Basel 1982

Betz, D./Breuninger, H.: Teufelskreis Lernstörungen. Psychologie Verlags Union, 2. Aufl., München, Weinheim 1987, 2. Aufl.

Dummer-Smorch, L.: Mit Phantasie und Fehlerpflaster. Ernst Reinhardt, München und Basel 1989

Englbrecht, A./Weigert, H.: Lernbehinderungen verhindern. Diesterweg, Frankfurt a. M. 1991

Eisert, M. u. H.-G.: Konzentrationsstörungen. Studienbrief Nr.5, Deutsches Institut für Fernstudien. Tübingen 1988

Hurrelmann, K.: Familienstreß, Schulstreß, Freizeitstreß. Gesundheitsförderung für Kinder und Jugendliche. Beltz, Weinheim und Basel 1990

Kohler, B.: Elternratgeber Hausaufgaben. Beltz, Weinheim und Basel 1989

Mann, I.: Schlechte Schüler gibt es nicht. Initiativen für die Grundschule. Beltz, Weinheim und Basel 1981

Mann, I.: Ich war behindert an Hand der Lehrer und Ärzte. Beispiele für Nicht-Aufgaben. Beltz Verlag, Weinheim und Basel 1991

Meyer, R.: Linkshändig? Ein Ratgeber. Humboldt Taschenbuch, München 1991

Oerter, R.: Leistungsstörungen: Ursachen, Diagnose und Interventionen. In Rumpler, F. 1987, S. 27–43

Ortner, A. u. R.: Verhaltens- und Lernschwierigkeiten. Beltz, Weinheim und Basel 1991

Ostrander S. u. N.; Schroeder, L.: Leichter lernen ohne Streß. Superlearning. Bern und München 1980

Piaget, J.: Nachahmung, Spiel und Traum. Klett, Stuttgart, 1975.

Piaget, J./Inhelder, B.: Die Psychologie des Kindes. Klett, Stuttgart 1980

Rumpler, F. (Hrsg.): Zur Theorie und Praxis sonderpädagogischer Diagnose- und Förderklassen. Edacta, Erlangen 1987.

Speichert, H.: Umgang mit der Schule. Rowohlt, Reinbek 1978

Speichert, H.: Hausaufgaben sinnvoll machen. Das Erfolgsprogramm gegen Lernfehler, Verlesen und Vergessen. Rowohlt, Reinbek 1980

Speichert, H.: Richtig üben macht den Meister. Rowohlt, Reinbek 1985

Vester, F.: Denken, Lernen, Vergessen. dtv Taschenbuch, Deutsche Verlags-Anstalt, Stuttgart, 1978

Stichwortverzeichnis